薛文清公讀書全録類編

［明］薛瑄 著

［明］萬曆二十七年刊

下

江蘇大學出版社
JIANGSU UNIVERSITY PRESS
鎮江

薛文清公讀書全錄類編卷之十一

○史評

歷代史學議論之卑不知王道爲何物至宋道學君子王道始明

朱子綱目是非定天理明

前代史載異端駁雜恠誕之説不足以立教適足以惑人

作史者不可以強弱成敗論人只當斷以大義

觀史不可以成敗優劣人只當論其是非

歷代世變固不可不考然當以明理爲本

讀史最有益古人多有明見於事幾之先者如事之成敗人之賢否皆預言於前而其應於後此等殊開人智識

自古作史者苟非大公至正之人愛憎取舍之間失其實者多矣孟子曰盡信書不如無書莊周曰儒者僞辭劉靜脩詩曰記録紛紛已失真語言輕重在詞臣若將字字求心術恐有無邊受屈人三子之言曲盡作史之弊

史雖紀事然事皆有理即事而窮其理亦致知格物之一端也

義理精則能辨是非定予奪故綱目非朱子不能作
一時之強弱决不能奪萬世之是非名義具有可畏
觀朱子綱目書法可見
史至朱子綱目而名分明
春秋時有五覇之名有楊朱異端之名皆衰世之事
也○史記日者季主之言深有中於墨者
春秋時辭命猶有言禮義者乃先王之澤未泯也至
戰國縱横之徒惟言利害而不及禮義先王之澤
盡矣
朱子論子產管仲於道槩乎未有聞也

李牧守邊每匈奴入寇輙入保不戰如此數歲一旦
出兵大破匈奴威震漠北此正老子所謂大國以
下小國則取小國以下大國則取大國又曰欲上
民必以言下之欲先民必以身後之孫子所謂始
如處女敵人開戶後如脫兎敵不及拒古人用兵
之術大率類此

秦惡聞其過而亡漢好謀能聽而興豈非千古之永
鑑

天理民彝雖大無道之世不能殄滅也如秦皇至無
道猶有父子不得内息之禁此天理民彝不能殄

滅○三代以下唐宋之治皆不及漢
漢高祖取天下大抵能用群策如下陳留用酈生之策還軍灞上攻嶢關用樊噲張良之策從漢中東兵用韓信之策守滎陽成臯又用酈生之策捐金間楚用陳平之策封韓信齊王追項羽垓下以地封韓彭英布使自爲戰又用良平之策及天下已定徙都關中用劉敬之策悉收群策而用其長此所以破秦滅楚不五載而成帝業
漢初猶是戰國之餘習觀其人才可見周勃遣使迎文帝於代或曰諸將皆書詐用兵此類可見

漢高有功於天下固大矣其脩身無本治家無法以詐御臣下視禹湯文武爲何如哉

三代之後有漢世道之大降也三代聖人皆以道治天下漢高不喜詩書至溺儒冠豈非世道之大降或者謂以漢高祖之明達誠得大儒佐之可以成三代禮樂之治竊謂漢高祖以馬上得天下不事詩書果有祗德檢身反身自治純亦不已如禹湯文武之德不然雖有大儒佐之亦不能成禮樂之治也

蕭何廣市田宅以自汚猶王翦伐楚請美田宅甚衆

之意漢初君臣以術相持此亦可見

知進退存亡而不失其正子房庶幾焉

或謂誠得大儒佐漢祖以禮樂爲治其效當不止如叔孫通制禮之小竊謂漢祖以馬上得天下不事詩書治家則以私眤爲治則以雜霸於人倫之序與和者蔑如也使有大儒生其時果能變其已成之氣習致君德如三代之隆邪不然則亦無如禮樂何也

漢治分明是覇如高帝爲義帝發喪乃其一端

漢祖御將之術皆以詐而不以誠

漢初君臣大抵尚詐如躡足封信蕭何賤市民田漢祖詐遊雲夢之類此其爲雜霸之治

漢初諸將如英布韓彭猶悍馬處虎常有跋扈倔強之氣非高祖莫能禦也

陳平以金間楚即戰國之術

朱子綱目大書張良謝病辟穀其旨微矣

史稱韓信知高帝畏惡其能乃知高帝欲去信之心久矣雖無陳豨之事殆必不免

呂后殺韓信事竊意高祖必有言史稱帝畏惡其能以畏惡之語觀之則知其欲去信之心必露於左

右其討陳豨也空國遠征信留京師帝豈無防信
之密謀乎但他人不知而吕后自知之故告變一
上即用蕭何之計詐而斬之不然信以蓋世之功
爲國功臣后安得因一時之飛語不待奏報而遽
殺之乎以是觀之則欲去信之心久而有密計也
審矣

四皓定惠帝之位先儒多稱留侯之謀而朱子綱目
不大書其事惟附註於高帝還宮之下必有深意

楚辭鴻鵠歌有朱子集註議論當以爲正

漢文帝即位之後除收孥相坐律却貢獻定賑窮養

老之令除誹謗妖言律以至免租之類皆仁政之
大端也三代以下誠爲賢君

漢詔多引咎責躬恤民之意最爲近古

漢高惠文景皆少私欲故程子謂其近於善人爲邦
之效

漢文帝天資恭儉非由學力

賈誼疏中教太子法宜爲後世法

大史公作賈誼傳不載治安疏載弔屈原鵩鳥賦亦
有感而然

漢高祖定天下文景尚節儉安民養民之功固大必

欲如王者之無私治之教之使既庶且富而興於
禮義則有間矣
朱子與陳同甫論漢唐不如三代之純猶碔砆美玉
之易別但後人溺於功利之卑而不之察耳
漢文帝嬖鄧通武帝嬖韓嫣哀帝嬖董賢男色之溺
人也如此
漢高帝時臣下無章奏而闕諫即聽至元成哀帝之
間章奏愈繁而言不見用此亦可以觀世道矣
漢法去秦無幾觀武帝時可見
一念之差貽患生靈有不可勝言者如漢武只因欲

得西域善馬甘心喪師不悔及貳師再舉西伐僅得善馬數十疋而還是以數十疋馬易萬人之命又且作歌被之聲樂誇耀祖宗其爲不仁甚矣原其本只由一念之差耳

大史公言漢武帝譴死鉤弋夫人與凡有子之嬪御爲能杜絶後來之女亂是則然矣亦非仁者之心也誠使家法嚴倫理明則後世之女亂非所憂也如文王之脩身齊家以及天下欲使萬物皆得其所何至不仁如是乎

孔子稱孟之反不伐如漢丙吉深厚不伐善恐孟之

反不能過也
丙吉深厚不伐張安世謹慎周密皆可爲人臣之法
丙吉爲相尚寬大好禮讓不親小事時人以爲知大
體
霍光小心謹慎沉靜詳審可以爲人臣之法
如王莽之徒竊人之國皆引先王之事以文其奸即
莊子所謂儒以詩禮發塚者與
善惡不係於世類多矣以莽賊而有孝平后之貞烈
東漢之規模不如西漢者正以光武好吏事不如高
祖得人君之體也

光武以讖緯論學何以爲出治之本

漢光武不任三公而事歸臺閣勢然也

漢初之將桀驁中興之將循謹

後漢嚴光有懐仁輔義天下悅之言則其所藴非尋
常高士之可及也

子陵之清足以廉頑立懦亦可謂百世之師矣

嚴子陵有懐仁輔義天下悅之言非不仕也但不肯
少貶其道耳觀其謂光武差增於往則其微意可
見作史者列於逸民傳非知光者

漢光武規模不及高祖者以好吏事如馬援所論也

漢元帝因京房之言知石顯之奸而卒不能遠所謂
惡惡而不能去也

東漢之季雖使陳竇得行其計可復治乎朱子有言
意盖如此

東漢黨錮諸君子正不知群陰並長之時而欲力勝
之難矣

古者宰相竊柄顯而猶可攻惟近習竊柄如恭顯輩
則深而難去所謂城狐社鼠是也

漢末諸賢先儒謂一變則至於道

後漢賢者刻意尚行若不可及槩以中庸之道則有

不合者矣

董卓郿塢之金亦愚矣哉身行不義自斃而已其能有之乎

昭烈孔明抑於史筆之不公至朱子綱目然後大義明於萬世

諸葛孔明與昭烈草廬之論及請救孫權之談其素蘊可知矣

自古奸雄若曹瞞之徒雖逞欲一時而終遺臭萬世

先儒謂曹操之死於分香賣履細碎之事無不區處獨不言禪代之事乃其奸計此固也然觀孫權稱

臣於操稱說天命之時操之群臣因是勸曹即真操曰若天命在吾吾爲周文王矣觀此一言已以文王自處是以武王待其子也禪代之計蓋昭然已露又豈臨死奸計所能揜哉

人皆知曹操爲漢賊而不知袁紹亦爲漢賊未成者觀其與曹操論取天下之策及臧洪之事可見列傳稱其善下士過矣

吳陸遜有先禮後刑之言亦可謂識治體矣

古之智士料事多中如羊祜告晉武帝曰取吳不必臣行但既平之後當勞聖慮耳又曰若事了當有

所付授顧審其人正謂建儲一事也郭欽以戎狄居內地非所宜不徙將有變故後來惠帝昏愚紀綱頹弛戎狄亂華皆如二子所料其可謂智士矣

温大真爲劉琨奉檄將命江左其母崔固止之不能得至絕裾而行千載之下他人念其母之情者猶不覺感愴於心大真乃忍此而行其本心可謂死矣後雖有功惜乎不能揜其失也

晉司徒魏舒凡有爲先行而後言可以爲法其遜位而去一節尤高

宇文周多行周禮然無其本焉得有周禮之治

宋文帝子劭巫蠱事覺不能斷以大義誅之卒有合殿之變正所謂爲人君父不通春秋之義者必蒙首惡之名

不根道理之書與文皆無用之冗物如梁元帝之徒雖好文著書動輒數千百卷皆不根道理何救於亂亡

王凝論元魏曰夷狄之德黎民懷之不知何謂也

隋文聽獨孤言以廣易勇晉武聽楊后言不易衷後來皆致亂婦言可畏如此

唐太宗欲興禮樂可謂不度德者也

唐郭子儀竭忠誠以事君故君心無所疑以厚德不
露圭角處小人故纔邪莫能害
唐初邊將未有久握兵者至天寶間李林甫爲固寵
之計杜絶邊將入相之路遂至擁兵年久而成藩
鎮之勢
程子論漢唐雜霸雜夷斷盡其失
漢宣帝亦自言漢家本雜王霸爲治
漢唐間英主大抵能用言則能成事功
漢唐雖雜霸雜夷尚能假仁義而行故國祚自三代
以下最爲長遠秦隋南北朝五代皆以不仁立國

故其祚如彼之促斯可以爲萬世鑑矣
漢唐歷代以來賢人君子雖鮮克聞道而其嘉言善行高風偉節見於傳記者多矣不可謂世無其人也
四百年之漢文帝培其本三百年之唐太宗養其根三百餘年之宋太祖太宗真宗仁宗浚其源秦晉隋皆不一再傳而遂亡者由無恭儉之君培養浚導其源於前即繼以殘暴淫後之主也
漢高祖之後非得文景之養民即繼之以武帝之多欲則漢之存亡未可知也唐高祖之後非得大宗

◎

之富民即繼之以高宗之昏懦則唐之存亡未可知也大抵漢唐之所以延綿國祚者率由此數君有以立其本耳

唐太宗過鄴祭魏武夫魏武漢賊也祭之過矣胡氏以魏武唐太宗才優於德夫唐太宗雖假仁義猶有及人之德魏武則殘賊生民潛移漢鼎弑伏后及皇子殺害忠良乃天下萬世不道大賊也何德之有胡氏以之與唐太宗並稱恐非至論

王者行一不義殺一不辜而得天下不爲也魏晉五胡南北朝十六國五代或假禪授以竊人之國或

騁兵力以荼毒生民皆王者之賊也

周世宗亦五代之賢君而爭南唐江北之地亦多傷
兩國之生靈仁者不爲也

宋大祖取天下與五代無異然能用趙普之謀收宿
將之柄削藩鎮之勢挈數百年塗炭之生民置諸
衽席之上其功大矣

宋祖取天下之失安天下之功不相揜焉可也

趙宋立國規模不如漢者以封建之法不立無藩屛
根抵之固故一遭變故蕩然不可維持也

趙普自謂以半部論語佐趙祖定天下盖亦大言而

已其實未見行論語一言也如伯夷叔齊求仁而得仁使趙普真知此理其肯定陳橋之策乎

趙普功之首罪之魁

宋大祖若能大居正以天下傳子可也必若重違母氏之命為宗社之計亦宜早斷當斷不斷致晉邸生疑而有燈影離席遜避之變昔魯隱公欲傳位桓公而不即授乃使營菟裘曰吾將老焉將之一詞卒致鍾巫之及其事正與宋祖相類當時秉史筆者皆其臣子義所當諱故為微詞而其事迹晦昧不彰於後世竊謂晉邸之罪固不可勝誅矣而

宋祖乃所謂爲人君父不通春秋之義者必蒙首惡之名乎

陳希夷亦遯世離群者與

趙普克伐怨欲必行其功雖大而德或未也

司馬公勸仁宗建儲一事可謂大忠

王安石作新法以功利蠱君心害天下斲喪有宋之元氣奸邪迭踵其跡持紹述之說以媒進至於板蕩而後已此天下後世之所共知劉將孫猶謂朱子未必主元祐右君實予不知其爲何說也

宋高宗中興之主陳少陽岳飛皆死於讒佞信用汪

黃秦檜之奸邪其不亡者幸而已

韓魏公范文正公諸公皆一片忠誠爲國之心故其事業顯著而名望孚動於天下後世之人以私意小智自持其身而欲事業名譽比擬前賢難矣哉

宋元祐宣仁臨朝亦非大有爲之時

宋鑑取予是非未當者多讀者宜自謹擇

宋理宗雖崇理學而不能行理學安得有致治之效

宋理宗用賈似道卒至僨國此任小人之效也豈非萬世之永鑑

南宋之君大抵無剛明者雖朱子之賢不能用群姦

得志終至僨國豈非後世之鑑

天下後世有公是公非秦檜祖子孫三世領史職亦不能揜其奸邪之迹

記曰君父之仇不共戴天只是天理人心自不能已而死生存亡非所計也如宋之高宗父兄宗族皆爲金人所虜甚至辱及陵寢以大義言之只當以不共戴天爲心而求所以必報其仇至於死生存亡非所當計也若區區爲自全苟安之計則必不能仲大義於天下矣秦檜所以得售其講和姦謀者正以高宗自全苟安之心有以來之也嗚呼可

恨哉
勢亦甚大如趙宋之有遼夏勢不可去若欲以力勝
即有患惟若古帝王脩德以來之則無患矣
周子言勢之輕重朱子以秦漢之事明之其意深矣
宋徽宗結金人攻遼之事始於童貫挾馬植來小人
之肇亂也如此
宋徽宗崇道教眞宗啓之也其效可見矣
宋末之文弊如周末許魯齋嘗言之矣
論宋遼金之統當以宋爲正無疑朱子綱目五代時
石晉雖爲遼所立後來契丹侵晉皆以入寇書是

則自晉傳漢周至宋宜得一統之正况女直輩入
貢於宋又非遼之比矣
宋季以道學爲僞元初得諸儒性理之書建大極書
院以尊崇濂洛諸君子是中夏不如夷狄而治忽
之效亦可驗矣
漢唐宋之君未聞有知道者所以治效止於如此

薛文清公讀書全録類編卷之十二

○老莊

老子多藏必厚亡之言極善

老子曰身與貨孰多身一而已矣世有迷貨喪軀者何其愚之甚耶

老子曰不見可欲使心不亂其言亦可取焉

老子執左契而不責於人因應之謂也

張之極者必翕強之極者必弱與之極者必廢與之極者必奪乃造化消息滿虛自然之理老子意欲翕之乃固張之意欲弱之乃固強之意欲廢之乃

固與之意欲奪之乃固與之此程子所謂竊弄闔闢而為術也

老子云玄之又玄衆妙之門只是說性情衆妙之門猶道義之門

老子道德經常無欲以觀其妙應上文無名天地之始常有欲以觀其徼應上文有名萬物之母

老子之書始欲論理之玄妙末則流於權術

將欲翕之必固張之將欲弱之必固強之將欲廢之必固與之將欲奪之必固與之是皆竊春夏之闔而為秋冬之闢程子所謂老子竊弄闔闢者以此

道德仁義禮知一理也老子乃謂失道而後德失德而後仁失仁而後義失義而後禮是分道德仁義禮爲五也

謙者聖人之誠心非爲有所取於人而然也老子乃曰聖人欲上民必以言下之欲先民必以身後之則是出於有意之私而非聖人誠心之謙德矣

道家者流如老子道德經是也如符録科儀飛昇黃白之術皆後人附會爲道家之事道德經豈有是哉

老子言道德而外仁義果可謂之道德乎韓子謂其

去仁與義而言道德亦可謂深知老子之失矣

老子曰大道廢有仁義夫仁義即大道也大道旣廢又豈有仁義乎至分道德仁義禮爲五皆理不明也先儒已辨之矣

莊子曰夫事其親者不擇地而安之孝之至也夫事其君者不擇事而安之忠之盛也此言甚正

莊子曰通於一而萬事畢形容道體之言也

莊子曰泰宇定發乎天光言心定則明也

莊子曰詩以道志書以道事易以道陰陽春秋以道名分先儒謂莊子是大秀才觀此可見

察於安危寧於禍福謹於去就莫之能害也莊生之言亦可取

莊子人間世篇揣摩人情世態曲盡而無遺言當察受否識微者知之

莊生各有儀則謂之性朱子有取焉

莊子之言雖曰形容道體然不能必信而行之是亦知之實有未至也使知之至則必信之篤信之篤則行之必至矣程子所謂窺測天道未盡者蓋謂此

莊子曰道者萬物之所由也庶物失之者死得之者

生爲事逆之則敗順之則成故道之所在聖人尊
之此言近正
道無所不在故莊子有道在稊稗螻蟻瓦甓之類之
言程子言莊生形容道體之言亦有之此類是也
莊子人間世篇揣摩之術也
莊子論劉輪之意信知聖賢之書神而明之在乎人
也
莊子曰至人之用心若鏡不將不逆應而不藏程子
所謂形容道體之言此類是也
莊子好文法學古文者多觀之苟取其法不取其詞

可也若併取其詞爲己出而用之所謂鈍賊也韓
文公作送高閑上人序盖學其法而不用其一詞
此學之善者也
樞始得其環中以應無窮莊生形容道體之言也
莊子曰嗜欲深者天機淺蓋嗜欲昏亂此心則理無
自而見故周子曰一者無欲也無欲其至矣
是何足與言仁義也莊周有之其不恭莫大焉
老莊於道理非無所見但不勝其避害自私之心遂
鄙薄而不爲是豈聖人大公至正之心乎
聖人之所以爲聖人以其公天地萬物爲一體屈伸

消長進退存亡一由乎理之自然而不自私也老莊必欲外天地萬物極其智術爲巧免之計其自私也甚矣

老莊之書切不可深溺若溺其說而誦習不已猶居齊齊言居楚楚語發於心術文辭有不覺者矣

聖人之言坦易明白讀之千古可見其心老莊之言回邪艱阻使讀者不可模擬此其所以爲異端也

老子莊子不述前聖之言自爲新奇之說所以爲異端也

老莊雖翻騰道理愚弄一世奇詭萬變不可模擬卒

歸於自私與釋氏同
知而不仁如老莊之流是也

○荀楊

荀子性惡之論先儒固已辯其非然粹而王駁而霸之語則甚當其他猶知尊二帝三王之法屢舉以爲言以聖學律之固極偏駁在戰國時言之視縱横之徒爲近醇韓子所以取之者以是與

荀子爲人意必剛愎咈戾觀其書其氣象可見果爲時用未必不貽害於生人

知莫先於知人荀子不取孟子子思則是以二子爲

非賢也使其見用於時有若孟子子思尚不爲所
取則其所取者又何等人邪既無知人之明而欲
成治功也難矣
荀子以人性爲惡則是誣天下萬世之人皆爲惡也
其昧於理如是之甚
程子曰荀子只一句性惡大本已失楊子亦不識性
更說甚道蓋性者大本也言性惡則大本已失道
者率性之謂不識性更說甚道
荀卿之托身黄歇楊雄之失節莽賊皆非知幾者子
曰邦有道危言危行邦無道危行言孫其知幾乎

楊雄年四十餘自蜀來游京師大司馬車騎將軍王音奇其文召以爲門下史薦雄待詔歲餘奏賦爲郎給事黄門與王莽並其後卒爲莽臣而死於其世是其進也以王氏終也以王氏大節之虧有自來矣

○文中子

文中子曰我未見欲仁好義而不得者也如不得斯無性者也此言近理

文中子曰同不害正異不傷物

文中子曰多言不可與遠謀多動不可與久處

文中子曰僮僕稱恩可以從政矣

文中子曰古之從仕者養人今之從仕者養己切中後世祿仕之病

薛收問仁文中子曰五常之始也問性五常之本也問道五常之一也

文中子論治道固多條暢只是碎細若聖人論治道則自源徂流本末兼舉不若是之碎細也

文中子心在天下爲甚公但明德之功未至遽欲新民失本末先後之序如朱子所論是也

○釋氏

程子曰釋氏不識陰陽晝夜死生古今愚謂惟其如此故其言誕妄

程子曰有無動靜始終之理聚散而已蓋聚則爲有爲動爲始散則爲無爲靜爲終生死之說不過如此釋氏聚散亦人耳安能以已散者爲禍福邪舉前古爲其所惑理之不明也甚矣

陳仲子亡親戚君臣上下其廉爲小節釋氏滅天理人倫以潔其身果何道哉

釋氏出世法天地陰陽古今皆世也而可出乎

釋子塵芥六合然六合無窮安得塵芥之夢幻人世

然人世皆實理安得夢幻之

釋子以罪福誘人豈是公道

釋子不問賢愚善惡只順已者便是

自有天地即有聖人之教西方之學果是邪伏羲神農黄帝堯舜三代之世又何爲不出邪果非邪何其既出而好之者衆邪西方之學未出而天下之治靡所鈌既盛而前代之治有所忽其殆有所乗而至邪抑氣化消息邪正相勝而然邪余皆不知其故也

身體髮膚受之父母不敢毀傷人之大孝也夫婦配

偶所以承先世之重延悠遠之緒人之大倫也釋氏乃使人禿其髮絕其配不孝絕倫之罪大矣

聖人順天理而盡人倫釋氏逆天理而滅人倫

釋氏逃世滅倫以爲潔正猶陳仲子辟兄離母以爲廉也是安可以其小者信其大者哉

天者萬物之祖生物而不生於物者也釋氏亦人耳其四肢百骸固亦天之所生也豈有天所生者而能擅造化之柄邪若如其說則天不在天而在釋氏矣萬物始終莫非陰陽合散之所爲釋氏乃有輪迴之說則萬物始終不在造化而在釋氏矣寧

有是理邪

聖人之心如天物有違忤者終無私怒也釋氏極言其神妙無方慈悲忍辱至於一有毀謗其書不尊其教者即報之以種種之罪又何量之小而心之忮邪

聲香色味觸佛書所謂五欲世人之所貪彼欲滅絕者也及其論聲香色味之盛又極人世之所無者而誇耀之何邪

釋氏本是自潔其身紛紛之言皆其徒附會之也

中夜忽思天下無性外之物而性無不在君臣父子

夫婦長幼朋友皆物也而其人倫之理即性也佛氏之學有曰明心見性者彼既舉人倫而外之矣安在其能明心見性乎若果明心見性則必知天下無性外之物而性無不在必不舉人倫而外之也今既如此則偏於空寂而不能真知心性體用之全審矣程子謂其言爲無不周徧實則外於倫理不其信與

道無有不到處亦無有間斷處釋氏出家脩行是有不到處專務上達而無下學是有間斷處又焉得爲道乎

聖人雖澤及四海功被萬世而無一毫自滿之意釋氏動輙言其功德無量何邪

釋氏極論道妙而以金玉珎寶奇怪之物侈言之何邪

夷服夷音夷行人皆知惡之而有不惡者何邪

滿眼皆實理而人不之信釋氏持一偏空說舉前古之人皆爲所惑何哉

釋老之高只是無欲無欲而滅絶倫理故曰高而無實

佛老之教初無齋醮之說齋醮皆起於後世梁武道

君之事可驗矣
學者得如周程張朱之爲人亦可矣四子不好佛而學者乃好之則是爲人不求如四子之賢而好佛乃求過於四子也惑之甚矣
周程張朱眞儒也四子辯佛老之非至矣學者讀四子之書而乃匍匐佛老之奴隸是豈眞知四子而能讀其書者哉
正理所見既明則邪說不能惑
自近古四海九州無不崇信釋老惟今孔子闕里曲阜一縣無佛老之居無僧道

◎

本朝祀典極正以不雜於佛老

○異端

孟子曰天之生物也一本而世以三教並稱則是天之生物亦有三本邪

三教之説其來久矣使教有三則天地之化亦有三矣

有以釋老機巧之言解吾書者幾何而不陷於異端乎

聖人之心廓然太公與化無累異端必求一超出陰陽之外不生不滅之説有是理乎

道教盛於宋道君林靈素後世踵其妄誕求福不已

使果有可求之福道君得之矣

明道曰邪誕妖妄之說競起塗生民之耳目溺天下於汚濁然則邪誕妖妄之說彌漫充塞自古如此矣

明道曰道之不明也異端害之也一段辯盡異端之失

爲善誠實則天報之以福豈有爲不善之人誦異端之誕言而福可求邪

聖賢惡異端爲其陷人心耗財用貽害之大

下民雖所禀之性皆同而其實拘於氣質愚昧無知者多傳曰堯舜帥天下以仁而民從之桀紂帥天下以暴而民從之使皆有知則帥之以暴而不從矣如異端恠誕之說分明理所無者而民皆靡然信從之可見其無知也

好異端者天資高則淪於空虛氣禀下則惑於罪福

聖賢之言坦易而明白異端之言崎嶇而茫昧

異端邪誕之說欺惑萬世貽害萬世

宋之時不惑於異端者無幾雖名士公卿亦陷溺其中道之難明也如此夫

異端邪誕妖妄之説惑世誣民充塞仁義爲害不可勝言自古如此

異端欲知其得失亦不可不觀其書但吾學既明雖觀其書不爲所惑苟吾學未明而先觀之鮮不陷溺其中矣

士農工商之業爲之必有實效異端誦妖誕之空言以徼不可必之福茫如捕風繫影舉前古爲之何其惑之甚邪

邪説異端斯須不可近爲害至大

許魯齋曰吾道大公至正以天下公道大義行之故

其法度森然明以示人竊謂異端正與吾道相反

○論仙

魏伯陽參同契假易論長生之術若指諸掌然伯陽今竟能踐其言而度世常存邪

程子曰仙者天地間一賊若非竊造化之機安能延年邪愚謂仙者雖竊造化之機以延年亦未有久而不散者不然自古以仙得名者多矣何千百年不見一人在世邪

神仙既自謂能度世常在人間以化人可也何必作爲言語邪以作爲言語而不常在人間則其誕妄

不可信也明矣

萬物始終乃陰陽造化自然之理神仙者必欲超出陰陽造化之理以常存必無此理

老莊亦無神仙之説自秦漢來乃有之秦皇漢武求之之效可見矣

屈原遠遊篇神仙度世之言皆假設耳人將謂神仙真可學誤矣

○文評

凡有形於天地之間者皆謂之文

天地自然之文物物皆具如花木文縷綵色之類皆

是也
凡有條理明白者皆謂之文非特語言詞章之謂也
如天高地下其分截然而不易山峙川流其理秩
然而不紊此天地之文也日月星辰之照耀太虛
雲物之斑布草木之花葉紋縷鳥獸之羽毛綵色
金玉珠璣之精粹此又萬物之文也以至三綱五
常之道古今昭然而不昧三千三百之禮小大粲
然而有章此又人倫日用之文也至於衣服器用
之有等級次第果蓏魚肉之有頓放行列此又萬
事之文也推之天地之間凡有條理明粲者無往

而非文文豈特見於文辭言語者然後謂之文哉

聖賢之文乃道之精華

聖賢之文自道中流出如江河之有源而條理貫通

後人不知道而有意爲文猶斷港絶潢之無本雖

強加踈鑿終亦不能貫通爲一真無用之贅言也

聖人之言皆自天理中流出所以爲載道之文

聖賢之言皆平易易知後世儒者有作禪語以見於

文辭者雖曰明理失平易之意矣

聖賢之言專務明理不尚文彩然理明辭順自無不

文常人之言專尚文彩理苟未明文亦何用

春秋時尚辭命而文過其實者多然亦可以觀世變矣

漢初文章猶是論事所以近古至司馬相如輩詞賦專尚華藻文體變矣

韓文所以高於諸子者以約六經之旨而爲之也先儒猶謂其先學文失進爲之序況爲文不本於六經義理徒取文士之辭華綴集而敷衍之者乎

布帛菽粟之文民生日用之常一日不可缺金膏水碧空青丹砂之文雖曰奇寶饑不可食寒不可衣亦何益於生人哉

◎

文章止論古今得失事體利害而不根於天命人心之正朱子所謂以文自立者也

贈言以名位期人不若以德業勉人

文士學做聖賢文詞如外國人學中國人言語學得雖是自身却只是外國人做得雖是自身却只是庸衆人

○詩評

少陵詩曰水流心不競雲在意俱遲從容自在可以形容有道者之氣象寂寂春將晚欣欣物自私可以形容物各付物之氣象江山如有待花柳自無

私唐詩皆不及此氣象

人實不易知更須慎其儀杜詩之近理者也

唐人詩曰足知造化力不及使君需吾有取焉

韓文公元和聖德詩終篇頌美之中多繼以規戒之

詞深得古詩遺意

邵子詩玄酒味方淡太音聲正希乃形容陽稚之意

機不可妄發康節詩曰施爲欲似千鈞弩此意近老

子之術

康節首尾吟多盛極慮衰之意

朱子詩曰渾然一理貫即性與天道也又曰若識無

中含有象即無極而太極也

元人詩曰不宗朱氏元非學美哉言乎

許魯齋曰世間巧拙俱相半不許區區智力爭此言
宜念

余在長沙道中偶得兩句云忽悟天無際方知道不
窮

借問天源深幾許古今常只是滔滔年年成就無邊
物本體何曾減一毫

不識理名難識理須知識理本無言

欲問收功何所似玄天幽默本無言

究竟無言處方知是一源

凡詩文出於真情則工昔人所謂出於肺腑者是也如三百篇楚詞武侯出師表李令伯陳情表陶靖節詩韓文公祭兄子老成文歐陽公瀧岡阡表皆所謂出於肺腑者也故皆不求工而自工故凡作詩文皆以真情爲主

○字義

經書中有字同而義異者如易泰卦泰乃亨泰之義論語君子泰而不驕泰乃舒泰之義大學驕泰以失之泰侈肆之義又如書言有忍乃濟忍乃容忍

之義論語言忍乃忍於爲惡之義孟子言不忍人之心乃仁心發見之義經書中如此類者字同而義異讀者當各即其義而觀之不可以字泥也

孟子養氣章縮字直字義字皆意同

幾字古聖人已言之至周子發明尤親切耳

幾字始見於書如萬幾時幾之類至易有知幾之類周子發明幾字至矣

字雖人制而其理實出於天如一而大爲天二而小爲地之類可見

日載月魂載魄載乃加載之載朱子於楚辭辯之詳

矣
魏公子無忌從車騎虛左迎侯生生直上載公子上坐此載字亦加載之意與老子屈子楊子載魄之
載字同義
楚辭載營魄之載與漢史從與載之載楊子載魄之載韓子晝記以孺子載之載皆加載之意朱子論
之詳矣
古人用字最密如冒色之冒字是也
中字專言則包四德喜怒哀樂未發之謂中是也偏
言則止爲禮之一德定之以中正仁義是也

屋極北極爲有形之極太極乃無形之極也故曰太極本無極皇極之極以物之在中而言如屋極北極之義若即訓極爲中則非矣

昔人訓皇爲太極爲中皆虛字也朱子非之謂皇爲君極猶屋極之極則二字皆實矣蓋謂極居此物之中則可便謂極爲中則不可近因道出武定州北隅觀鄆亭撮頂一木居中衆木四面輳之此正所謂極也因朱子之說而記余之所見如此

卷之十二終

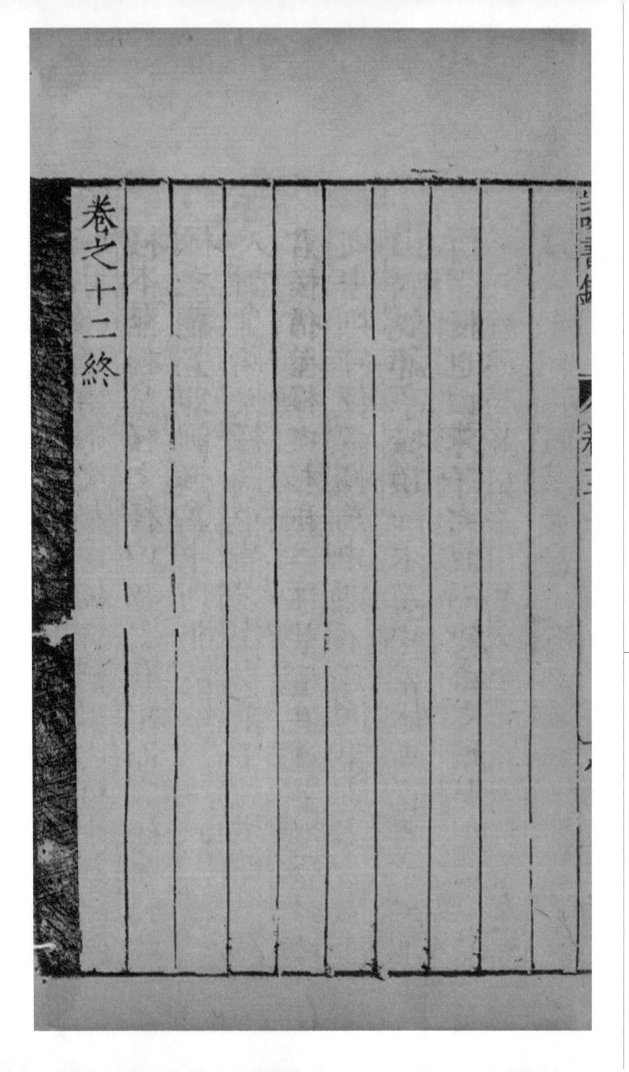

薛文清公讀書全録類編卷之十三

○理氣

天地萬物渾是一團理氣

天地萬物形體皆虛而理則實

聖人論道多兼理氣而言如所謂一陰一陽之謂道形而上下之語皆兼理氣而言也

理萬古只依舊氣則日新○理大無窮氣亦太無窮

凡大小有形之物皆自理氣至微至妙中生出來以至於成形而著張子曰其來也幾微易簡其究也廣大堅固○理氣象数之外無餘物

人與天地萬物混然一理一氣但分有不同耳

氣有形理無迹氣載理理乘氣二者渾渾乎無毫忽之間也

上下四方曰宇往來古今曰宙氣無窮理亦無窮

形而上者謂之道形而下者謂之器聖人論理氣最分明又無離而二之之病

一片實理徹上徹下萬古完具而有生之類自不能外○纔說理便無可言者

一理古今完具而萬物各得其一

理如日月之光小大之物各得其光之一分物在則

光在物物盡則光在光

消息者氣而所以消息者理

可見者是氣氣之所以然便是理理雖不離氣而獨立亦不雜氣而無別

看來理氣一齊皆具而無一物能外之者

理如日光氣如飛鳥理乘氣機而動如日光載鳥背而飛鳥飛而日光雖不離其背實未嘗與之俱往而有間斷之處亦猶氣動而理雖未嘗與之暫離實未嘗與之俱盡而有滅息之時氣有聚散理無聚散于此可見

萬物一年生一番是得一年之氣萬物雖銷落泯滅無餘而氣之滚滚日新者自無窮已而所以無窮已者豈非太極爲之體與

氣則萬變不齊理則一定不易

程子曰以形體謂之天以主宰謂之帝以功用謂之鬼神以妙用謂之神以性情謂之乾此數言不出理氣二字而天以貫之

理氣决不可分先後

理氣不可分先後只於太極圖可見

理只在氣中决不可分先後如太極動而生陽動前

便是靜靜便是氣豈可説理先而氣後也

理氣本不可分先後但語其微顯則若理在氣先其實有則具有不可以先後論也

理氣間不容髮如何分孰爲先後孰爲後

理氣雖不可分先後然氣之所以如是者則理之所爲也

理與氣一時俱有不可分先後若無氣理定無止泊處○本一氣而言有動靜耳

徧滿天下皆氣之充塞而理寓其中

理無窮而氣亦無窮但理無攺變而氣有消息如溫熱涼寒氣也所以溫熱涼寒理也溫盡熱生熱盡

涼生涼盡寒生寒盡溫復生循環不已氣有消息而理則常主消息而不與之消息也氣有聚散理無聚散于此又可見

實氣實理充塞而無窮盡流行而無止息大無外小無內一實理實氣貫之

春而大始夏而亨通秋而利遂冬而貞固一實氣實理貫通流行如循環之無端

先儒曰凡有形者皆為氣無形者皆為密而密即理也○氣有消息理無窮盡

理無方體無窮盡○天下無無理之物無無物之理

理即在氣中不可脫去氣而言理
朱子曰精粗本末無彼此也是理氣未嘗有間
理盛則能勝氣氣盛亦能盛理
理氣物物皆然○理氣之外無一物
萬物惟其同一氣故皆一理
一氣一理渾然無間萬物各得一氣一理分之則殊
合之則一
因讀天地之塞吾其體之塞字盍知上下四方氣之
充塞無絲毫之空隙
天地之塞氣也形而下者也天地之帥理也形而上

者也氣也理也渾合而無間者也

此理爲氣所挾持或善或惡至於萬變之不齊而其體則一也

理氣無縫隙故曰器亦道也道亦器也

理無空缺與人心之性渾合無間

理氣密匝匝地真無毫髮之縫隙無大無小無內無外一以貫之

蠢然動之氣人皆知之粹然動之理則知者鮮矣

理為主氣為客客有往來皆主之所為而主則不與俱往○須看無物之先其理何如

須彌納芥子以形言芥子納須彌以理言

上下四方理氣充塞無窮盡無方體

舉目皆實理實氣此外無一物

一氣流行一本也着物則各形各色而分殊矣

氣正則生人亦正氣偏則生人亦偏如中國夷狄可見

萬物美惡精粗不齊者皆氣之為也

雨露霰霜只是天地之氣凝結而成者如人之呵氣遇冷成氷結髮須其理可見

搖扇有風見天地間無處無氣

理真實無名既曰理夫復何言只是人物之所以然

者便是也○萬古不易者理而已

無有大於理氣者[illegible]

萬物至大者皆有外惟理之大無外萬物至小者皆有内惟理之小無内

天地萬物皆虛惟理最實

萬變不齊者皆氣之所為而理則自若也

理氣在天地為公共之物一麗於形則萬殊矣

天地生人物不是旋安排箇理来與他盖合下便已都定了無添無減無多無少萬古只如是有此理便有此物有此物便有此理元不相離

一理涵萬物萬物分一理

凡有形者皆氣無形者皆容

理既無形安得有盡理如月氣如水或一海水或一江水或一溪水或一沼水或一鍾水或一盂水水雖不同莫不各得一月之光或一海水盡或一江水盡或一溪一沼一鍾一盂水盡水盡時各水之月光雖不可見而月之本體則常存初不與水俱盡也以是觀之則氣有聚散而理無聚散也又可見矣易有太極言氣以原理太極動而生陽言理以及氣有形者可以聚散言無形者不可以聚散言

朱子曰聚散者氣也若理則只泊在氣上初不是凝結自為一物但人分上合當然者便是理不可以聚散言也○有實理則有物無實理則無物

滿天地間皆一實理萬古常然不易

或言未有天地之先畢竟先有此理有此理便有此氣竊謂理氣不可分先後蓋未有天地之先天地之形雖未成而所以為天地之氣則渾渾乎未嘗間斷止息而理涵乎氣之中也及動而生陽而天始分則理乘是氣之動而具于天之中靜而生陰而地始分則理乘是氣之靜而具于地之中分天

分地而理無不在一動一静而理無不存以至化生萬物萬物生生而變化無窮理氣二者盖無須臾之相離也又安可分孰先孰後哉孔子曰易有太極其此之謂與

天地間理無縫隙實不可分

天之生物一本故理無不同

四方上下往来古今實理實氣無絲毫之空隙無一息之間斷

理無所不有如天地之初都無一物只有此理而天地萬物自能生假使後世天地萬物一時俱盡而

此理既常存又自能生萬物可謂萬物必待有種

而能生乎

朱子曰功用言其氣也妙用言其理也功用兼精粗

言妙用言其精者

五形之外無陰陽陰陽之外無太極太極之外無性

與天道性天道太極陰陽五行渾然理氣無間也

太極發生一切有形之物而太極為之主

天地間無理空缺處人終日在太極中而不知也

○陰陽

輕清之陽雖升而為天重濁之陰雖降而為地統一

氣之升降耳○統一氣而有動靜故曰陰陽

陽一以施陰兩而承此理萬古不易

陽息而盈則陰消而虛陰息而盈則陽消而虛

陰陽有實體有實氣天地者陰陽之實體也寒暑者陰陽之實氣也然實體實氣非有二也

陰陽中有理理不外乎陰陽精粗本末無二致觀太極圖可見矣

陰陽滚滚不已造化人事皆由此出造化日新人事亦日新

水陰也生於陽火陽也生於陰見陰陽有互根之義

陰陽迭勝無須臾止息

陰精陽氣聚而成物即所謂天地之塞吾其體

陽氣自上而下漸達則溫畢達則熱陰氣自上而下漸達則涼畢達則寒觀十二月卦氣可見

陰陽無時不相勝陰退則陽勝陰陽退則陰勝陽一陰一陽相勝不已也

陰陽合則魄凝魂聚而有生陰陽判則魂升為神魄降為鬼易大傳所謂精氣為物遊魂為變故知鬼神之情狀者正以明此書所謂徂落者亦以升降為言耳此中庸或問朱子之言死生之說不過如此

朱子曰天地之間萬物粲然而畢陳者皆陰麗於陽其美外見者也如坤之六三六五皆陰麗於陽也如花木之類其中流行者氣之陽也其支幹花葉美而外見者陰也此所謂陰麗於陽也與陰麗於陽乃形麗於氣也

天地間無物無陰陽偶讀韻書其平聲者陽也側聲者陰也○因小生對句便知有陰陽

陰陽變易自人身以至天地萬物無時不然知此則知易矣

陰陽不在五行外太極亦豈在陰陽外所謂精粗本

末無彼此也

天下古今萬物萬事皆陰陽之變化而理為之主

天地間只一氣因有動靜故有陰陽剛柔之分先儒言之詳矣

造化非陰即陽人事非柔即剛

動靜雖屬陰陽而所以能動靜者則太極之所為也如寂感雖屬人心而所以能寂感則性之所為也

萬古之闔闢不可得而窮程子所謂動靜無端陰陽無始者與

纔呼即吸纔吸即呼無纖毫之間陰陽消息亦然

天人之理一也

造化萬變皆是陰陽做出人事萬變皆是動静做出

程子曰陽無可盡之理蓋陽即乾元之氣也又豈有盡乎

天理流行即陰陽動静而太極無不在理雖不雜乎陰陽亦不離乎陰陽也

人之寐陰也闔也寤陽也闢也一寐一寤一陰一陽一闔一闢即所謂易有太極也

○五行

五行有質有氣有性有事有味有色有聲天下萬物

之理皆不出五行五行之氣循環無端動靜無始
木火土金水之質在我為肝心脾肺腎木火土金水
之神在我為仁義禮智信之德萬物備於我擧此
亦可見
水能鑑物故智屬之金能斷物故義屬之木有生意
故仁屬之火則文明故禮屬之土則質實故信屬
之
五行同有陰陽就水木火金土上又各有陰陽如水
陰也其質屬陰其氣屬陽之類
火木陽也生於陰陰中有陽也水金陰也生於陽陽

中有陰也

五行之質之氣之理渾合無間

水火木金土五行雖各具一性却總是一箇太極之理但五行之氣各有所偏故所得不全耳如普照萬物總是一箇日光而得其光者有偏全由物有大小不同而日光則本無不全也朱子所謂五行各一其性而太極渾然之全體無不各具於一物之中而性無不在者此也

五行之氣只是陰陽二氣而陰陽二氣又只是一氣分動靜耳

春夏之陽木火之氣也秋冬之陰金水之氣也此五行陰陽無欠也

陰陽不在五行外太極不在陰陽外

物各具五行之色如天地有五方土石有五色雲氣有五色之類是則萬物豈出於五行之外哉

○天地

陽之成形者莫大於天陰之成形者莫大於地

天有以形體言者有以理言者然以形體言即有理以理言即有形形體非可二之也

今天地闔闢之前方其明白時天地間萬物亦如今

之所有若天地再闔再闢之後天地間萬物亦與今無異誠以太極有一定之理雖萬闔萬闢而天地萬物不易也

因有一定之理故天地萬物常如此

程子曰動靜無端陰陽無始天地之闔闢莫測其端倪也

動多靜少故地對天不過○地無根附於天耳

天體無窮程子言之備矣

高深遠近皆是天但以青而在上者為天衆人之見也

天地之道只是消息盈虛而已

地處天中而有盡天包地外而無窮

先儒謂天包地外竊謂不但包乎地外實行乎地中是則上下内外皆天也

吾意天地一終之時昏暗之極未必便得開明如一日之暮可見但動靜之機未嘗息久則漸次開明矣一時之末一日之暮一月之晦一歲之暮一元之終皆氣化之息也但久速之不同耳

在天成象在地成形皆一氣也

岐伯論地曰大氣舉之則地有涯氣無涯矣雨水自天而降人不異者見之熟也況地下之天獨不能

為水而行於地中乎

天包地外水在地中地中之水即天所生也山澤通氣地中之氣為地中之水也山川出雲地中之氣為天上之雨也地中之水天上之雨統一氣之流行欝蒸耳非有二也

人知水生於地中而不知乃天所生也蓋天包地外地處天中地外之天氣無時止息而欝積流通於地中故能生水而不窮也

晝夜昏明居半天地闔闢亦如之以元會運世觀之天地闔闢各有一半昏明即如晝夜可見

今天地之始即前天地之終其終也雖天地混合為一而氣則未嘗有息但翕寂之餘猶四時之貞乃靜之極耳至靜之中而動之端已萌即所謂太極動而生陽也動極而靜靜而生陰靜極復動一動一靜互為其根分陰分陽兩儀立焉原夫前天地之終靜而太極已具今天地之始動而太極已行是則太極或在靜中或在動中雖不離乎氣亦不雜乎氣也若以太極在氣先則是氣有斷絕而太極別為一懸空之物而能生夫氣矣是豈動靜無端陰陽無始之謂乎以是知前天地之終今天地

之始氣雖有動靜之殊實未嘗有一息之斷絶而
太極乃所以主宰流行乎其中也
天地之終翕寂之餘太極動而生陽而天復開動極
而靜靜而生陰而地復成一動一靜互為其根天
命流行無窮而萬物生生不息焉其天地翕寂之
前如是之動而生陽靜而生陰如是之一動一靜
互為其根如是之天命流行化生萬物者蓋不可
勝窮也斯所謂動靜無端陰陽無始也歟
先儒謂邵子以一萬八百年為一會初間一萬八百
年而天始開竊疑天未開時只是氣塞既未有日

月星辰歷数四時不知如何計其年數

天以一故實地以二故虚

氣無涯而形有限故天大地小地於天中一毫毛耳

天乃陽氣之實體地乃陰氣之實體

天者萬物之祖無一物一理不出於天

天地分明一大父母生出無限小父母來

天轉正如車輪之轉蓋側轉也如八月初昏斗柄指酉至天將明時看之則斗柄却指卯矣以是知天一晝夜側轉一周而斗柄亦隨天翻轉指卯也

天之蒼蒼其正色邪其遠而無所止極邪其視下也

亦若是而已矣此論天之色體俱盡

海其大乎曰非也岳其大乎曰非也地其大乎曰非也然則孰為大曰天為大海者天氣之流萃岳者天氣之流峙地者天氣之流結是皆天之所為也天之所為者若有方矣而其所以為者則未有方也以其無方則天之大不亦宜乎

上下遠近大小內外渾只是一天也

天外無物物外無天

天地之大德曰生無間斷無空缺

程子曰乾天也一節論天至矣

○造化

造化一歲一番新往者既過則草木之枯落者皆煨

燼糟粕也

動靜無端陰陽無始兩言括盡造化之妙

造化只是陰陽五行人道只是健順五常皆實理也

知者鮮矣

造化人事雖萬變不齊而理則一定也

山川草木霜雪雨露之類皆造化之糟粕張子言之

鮮矣

變化無須臾之止息

造化密移無一息之停常在目前人自不察
觀日影之漸移即造化之密移可知矣
列子曰運轉不已天地密移疇覺之哉是天地之
化無一息之間如人之自少而老物之自盛而衰
無須臾之不變但人自不察耳
天地之化無日不變因在黔中觀耕實初極青日漸
至於黃色人之少而壯壯而老亦如此但變之漸
而不覺耳
程子曰謂之變則堅者腐存者亡輪廻之說何其誕邪
消息盈虛造化自然之理聖人知之故順之而吉衆

以人不知故逆之而凶

人動處有差造化亦有差如寒暑不時福善禍淫之不當者朱子云然

偶見柳花悠揚高下因悟造化流行雍容自然之妙

天地之初總是氣化今則氣化形化並行而不息

天地之初人物無種純是氣化自人物有種之後則形化雖盛而氣化亦未嘗息自今觀之人與禽獸五穀之類凡有種者皆形化至若昆蟲草木之類無種而生者尚多試以一片白地驗之雖掘至泉壤暴晒焚燒其土俾草木之遺種根蘖皆盡然一

得雨露滋澤風日吹晅則草木復生其處此非氣化而何又若腐草為螢朽木為蠹濕氣生蟲人氣生虱之類無非氣化也或謂形化盛而氣化消者切以為不然

天地間可見者皆造化之迹其不可見者容也

萬化交則通不交則隔礙而不能成化功

自不知其所以然者造化也

造化萬物皆從虛中來故程子謂老子玄牝一章最善亦謂虛中生萬化所謂谷神也

生天生地生陰生陽生溫生熱生寒生涼生日生月

生星生辰生雨生露生雷生霆生水生火生木生
金生人生物生獸生禽生生之多蓋不可勝窮也
而皆本於一生

附氣機

天地間游塵紛擾無須臾止息無毫髮間斷是皆氣
機使然觀日射牕屋之間可見因有詩曰日射屋
山内烟華幾交紅游塵從此見長滿太虛中
屈以感伸伸為應伸又感屈屈為應屈又感伸伸又
感屈屈伸感應如循環之無端
駸駸而明者日之為乎曰日特陽之一物耳非能為

明也駸駸而暗者月之為乎曰月亦陰之一物耳非能為暗也然則明暗孰為之执曰氣機一動而群陽闢晝之明從焉氣機一静而群陰翕夜之暗隨之動静翕闢皆機之所為而實未嘗有為也是皆循環相推而不得已焉爾

息而盈自無而有消而虚自有而無

天不以隆冬大寒而息其生物之機緘人不以熟寝大寐而息其虚靈之知覺

以鼻息觀之呼感得吸来吸感得呼来

暑為感感得寒来則寒為應寒復為感感得暑来則

暑為應應又為感感又為應于是見感應之無端只於鼻息之間可見屈伸相感之理吸之極為屈感得呼来為伸呼之極為伸又感得吸来為屈吸又感呼呼又感吸呼吸屈伸相感無端與晝夜寒暑相感屈伸同一理也

朱子曰已升之氣便散矣觀此言則方生之氣自是新者非既散之氣復為方生之氣也程子論呼吸亦如此

人之吸極而呼者退極而進柔變而趨於剛也呼極而吸者進極而退剛化而趨於柔也既變而剛則

闢矣既化為柔則闔矣張子曰人之有息蓋剛柔相摩乾坤闔闢之象其斯之謂與

氣機之運必無差爽但其理微而人自不察耳

日入而群動息者氣機闔也日出而群動作者氣機闢也一闔一闢至理昭然

孰為始乎氣之息其始乎始之前為終終之前復為始始殆不可知其孰為終孰為始蓋必有能始能終者居其間而卒莫之始終也

氣機無須臾之止息如雲在空中飛揚上下浮游往來萬起萬滅頃刻不暫停止亦可見其一端

萬物皆氣機之所為

觀野馬而知化機之無息游氣紛擾野馬是也

氣化真實是一往而遂盡其來者乃方生之氣自十一月一陽生而為復至四月換盡六陰而為純陽之乾則已往之陰遂盡而方来之陰已生至五月成一陰而為姤至十月換盡六陽而為純陰之坤則已往之陽遂盡而方来之陽已生至十一月成一陽而又為復以是見天地之氣往者遂消而向盡來者方息而無窮初非已往之氣又為方来之氣也程子以是辯釋氏之誕信矣

雲而雨者自無而有雨而晴者自有而無雷霆風露之類亦然

雷二月發聲八月收聲者氣之動靜也

雨皆地氣自下而上蒸騰而成天愈高則氣愈清不能成雨也

雲濃則成雨氣濃則生物易曰天地絪緼萬物化醇

雲氣合而成雨故雲散則雨止地氣合而成水地常凝聚故水無窮

雷電風雲雨露霜雪之類皆氣聚而有聲有形既散則無迹矣神矣夫

細看天地萬物皆氣聚而成形有聚必有散雖散有太小遲速之不同其散一也

天最高日月星辰次之雲氣則低凡雲氣皆在日月星辰之下以是知其最低也

雨亦有就隨處雲氣蒸騰而成者亦有自他方雲氣風雷挾持而至者雖有遠近不同及雲氣布濩周匝則無澗矣○雲厚則雨甚雲薄則雨少

風霆雨露之氣所以成物者皆太極之所爲也

河氷解者非自上消也由陽氣自下而上騰也故時至三陽之月則陽氣上達而河氷畢解矣

天之氣一着地之氣即成形如雪霜雨露天氣也得
地則成形矣
雨露霜雪近地方有形若太虛至高則氣愈清而不能凝聚甞在湖南登山之極高處日色晴霽俯視山下則雲合而雨以此知雨露霜雪之類皆得地氣而成形也
往年在湖南甞行沅州北澗谷中霧雨蒸濕及登高山絶頂則日光晴霽俯視沅州城郭及衆山之低小者雲氣浮繞往來其間駛如奔馬開闔萬變是時必雨於其下矣以是知雲氣㝡低方雲合而雨

之時日在雲上未嘗不光霽也
禽鳥得氣之先者也丑則雞先鳴者陽氣動也午中
雞亦鳴者陰氣動也是皆天機之自然玄鳥鴻鴈
往來亦如此
天地寒暑人生盛衰其密移之機無毫髮之間斷
人之一呼一吸之息不停即天地之化不停也
氣自是新者非既散之氣復爲方生之氣也程子論
呼吸亦如此
二十三四夜深時月初出東方其終魄於東之光比
未望載魄之光尤光明者蓋初昇之日光尤甚西

下之日色故其光明如此

○鬼神

鬼神字始見於書而詳於易太傳

人皆知求鬼神於茫昧不測之間殊不知天地四時日月星辰雨露風霆霜雪山川草木人物鳥獸皆鬼神之著

草木之敷榮暢茂者神之迹其凋落枯悴者鬼之迹

自子至午陽氣方息而伸者神之迹自午至亥陰氣方消而屈者鬼之迹也

氣合精凝為神遊魂降魄為鬼

鬼者一往而不復觀天地之化可見

鬼神者天地陰陽之靈魂魄者人身陰陽之靈

○魂魄

陳北溪曰知鼻中呼吸是氣那靈處便屬魂視聽是體那聰明處便是魄

耳目之聰明爲魄魄者形之神也口鼻之呼吸爲魂魂者氣之神也人有許多聰明知識者魄之爲也有許多呼吸運動者魂之爲也

靜中之識曰魄動中之靈曰魂

動而不息者陽魂也靜而有識者陰魄也

○天人

天人之理同條而共貫者也

性命合一即學貫天人矣

天人一理故致乖致和無不感通

天道元而已人道仁而已

人物從天地大化之本原來故天人一理

程子曰天人一也更不分別浩然之氣乃吾氣也觀此則天人一理可知矣

天人一理也天有不能爲人所爲者人有不能爲天所爲者此其分殊也

天之道只是陰陽之理人之道只是動靜之理

天之晝夜陰陽人之語默動靜皆與道爲體運行而不息也

天人一理備見於孔子贊易之辭

天人一理湯曰惟皇上帝降衷于下民武王曰惟天地萬物父母惟人萬物之靈詩曰天生蒸民有物有則孔子所謂性與天道子思所謂天命之性孟子所謂知性知天皆有以見天人之一理後世大道不明論天者不及於人言人者無涉於天由是分天人爲二致惟董子有道之大原出於天之言

亦可見天人之一理至周子作太極圖明人物出於造化之一原而張子程子朱子各有發明天人一理之說大道於是復明

道理無我無間天人一致

天人之理性命而已○天人之理誠而已

人心感而遂通天下之故者元亨誠之通寂然不動者利貞誠之復天人合一之理也

天道人倫渾合無間

天人合一流通往來之理無間

道之大原出於天故聖人繼天立極

○物理

但是血氣之物靈於他物

飛潛動之物靈於植物而人又動物中之尤靈者也

螢隨時而出蟲應節而鳴無非教也

石壁上草木最可見生物自虛中來虛中則實氣是也知此直使人有手舞足蹈之喜

一切有形之物皆呈露出無形之理來所謂無非至教也

靜聞鳥鳴風韻以至萬響皆至理寓焉

蟲不得不鳴者理也

即樹根觀之須思未有根之先而沖漠無朕之中而樹根之理已具逮夫氣機一動資始資生而理亦隨之樹根由是生焉

一花即具元亨利貞之理花始蕚而未開者元也開而盛者亨也盛而謝實者利也實已成熟者貞也成熟可種而復生又為貞下之元矣生理循環蓋未嘗毫髮止息間斷

觀崖石每層有紋橫界而層層相沓蓋天地之初陰陽之氣盪磨而成若水之漾沙一層復一層也意其初必柔軟如濕泥然及凝結之久遂成堅剛比

方石炭未出穴時其軟如泥出穴見風即硬此可
驗崖石始柔終剛也
細看萬物皆自冲漠無朕之微以至於形著堅固得
天地之氣相感而物乃成形如星在天乃氣之精
英耳及隕於地得地氣遂凝而為石
雷擊而為雷斧星隕而為石是皆氣結而成者以是
知土石之類皆天地之初氣凝結而成但剛為陽
柔為陰耳
江邊石壁無寸土而草木生之尤可見剛陽之氣
鐵中生火陽生於陰也

水柔石剛石為水漸浸蕩薄之久銷削剝落剛不能
勝柔此亦可見

磯潤而天雨霜降而鐘鳴氣類相感也

新竹有露者津液上行結而為露也如人髮中有汗
然曹縣分司偶觀新竹記此

因觀烏烏哺其雛仁心藹然可見

如崖石上草木豈有種皆氣化而生也

有此理則有此物及有物則理又在物中

萬物皆一陰陽陰陽皆一理

萬物之形著者其始也甚微

萬物之始終雖有遲速不同其理皆然

余在沅辰令一小童燒栗忽殼破聲爆可畏蓋熱氣在內不得出故奮裂而有聲先儒論雷霆之理蓋如此

海水是衆水之聚與山澤通氣有源之水不同嘗問海上居人海水味鹹其海中山島井泉之水却甘以是知海水與有源之水不同

近海斥鹵而地氣亦薄故生物不暢茂觀山東海豈諸邑林木稍長即枯悴可見

萬物皆有精日月五星為陰陽之精聖賢為人之精

金玉爲石之精珠貝爲水之精文木爲木之精是皆得氣之清明秀異而成象成形者也

○感召

天人禍福相應之幾至微而不爽

一念之善景星慶雲一念之惡烈風疾雨

天道甚可畏感於此則應於彼但有淹速不同耳

天命即天理也詩曰永言配命自求多福朱子觧曰常自省察使其行無不合於天理則盛大之福自我致之有不外求而得矣

所爲悖理悔吝之應如響故曰從逆凶

舉四海九州生民之氣無不和則自足以感陰陽之和舉四海九州生民之氣既乖則亦足以感陰陽之異此理之必然也

莊子曰生物以息相吹息是人呼吸之息九萬里之氣亦是此息相吹則人之氣召和召災可知矣

天於善惡必有其報但人以淺近之見窺測天道便謂茫昧差爽而不可信如夏商之後皆統承先王脩其禮物作賓於王家雖改姓易物而宗廟血食子孫之封爵皆與時王匹休而不泯非其先世有大德大功于民能如是乎因是以觀魏晉以來以

及五胡南北朝楊堅五代之世皆素無功德於天下徒以狙詐兵力竊命一時皆不數傳而子孫無容足之地廟祀遂以絕饗則天於善惡之報豈不明甚矣乎

善惡分明有降祥降殃之報間有不然者非常理也

天道福善禍淫昭然可驗間有不然者幸不幸耳

古語云天定能勝人人定亦能勝天如古者無道之世若秦若隋若武氏之流方其勢盛之時虐焰如烈火不可近此人定勝天也及其罪盈惡稔人怨天怒勦絕覆亡之無遺育此天定人勝也善惡之

報豈不明甚信古語之不誣

有從逆而饗福者幸也

感自内出應由外来

○夢卜

一生二就數上說太極生兩儀就理上說余在黔中夢對婺儒士說書余謂之曰一字尚不能識既覺得此語遂中夜燭下書之

安其内不求于外見其大而畧於小正統五年正月十八日分司夢得此語因記之

余往年在中州嘗夢一人儒衣冠其色黯然謂是朱文公告余曰少嗜欲多明理明發遂書其言于壁

一日在湖南靖州讀論語坐久假寐既覺神氣清湛心體浩然若天地之廣大忽思前語盖欲少則氣定心清理明幾與天地同體其妙難以語人

宣德六年十月七日夜余在辰夢從二程夫子遊小程夫子論朱文公大程夫子賛曰揚休山立之語不若中和獨立因記於此

余一夕夢先人告余曰慈温良得非有所警乎人晝之所為夜之所夢吉凶善悪各以類應也

占卜古為大事舜欲禪禹禹曰枚卜功臣惟吉之從洪範稽疑專以卜筮為主大誥洛誥諸篇凡征伐

定都大事皆歸重於卜以是知占卜古爲大事
古者占卜之法聖人以至公無私求之其求之之心
固已神矣則龜筮之神安得不應之如所謂官占
惟先蔽志昆命于元龜朕志先定詢謀僉同鬼神
其依龜筮協從之語可見後人以私意邪謀求之
欲其應也難矣

薛文清公讀書全録類編卷之十四

◎道體

道體無内外無古今

氣化流行未甞間斷可見道體無一息之停

韓子曰澄其源而清其流統於一而應於萬可以形容道體

道體本深遠難言故詩曰維天之命於穆不已不可以方所求不可以隱顯分

舉目見天地萬物之理皆活潑潑地何止鳶飛魚躍理者何即天命之性是也所謂洞見道體者恐不

過如此
謂有乎則視之無形也謂無乎則其来有本也有本
而無形則有而無矣無形而有本則無而有矣有
而無無而有非真知有無為一體者不足以語之
無物非氣無氣無道
形而上形而下道器元不相離擧目皆是
萬物統體一太極可見道之極太無外其小無内運
然無無間斷處
無物不有道之大充塞天地無時不然道之久貫徹
古今

凡涉於有為者皆氣其無為者道體也

渾然性理無方所無内外非知道者孰能識之

大化滔滔竟莫知所止○有四大而道包之

四時行百物生皆與道為體運乎晝夜未嘗息也

大而不可窮者天也知天大則知道大矣

道無聲臭取之不竭用之無窮

注焉而不滿其量無窮酌焉而不竭其源無盡

渾渾然理氣無窮盡無方體而天地萬物畢貫為一

無限量無欠缺無間斷此果何物邪推而上之莫究

其始引而下之不見其終測之而無窮資之而不

竭離之而不開斷之而不絶此果何物邪竟不得
而名也

淵淵乎天源之莫測浩浩乎天流之無窮

舉目而物存物存而道在所謂形而下形而上者是也

道本無名姑以萬物萬事必由是以行故强名之曰
道耳

五氣布四時行即元亨誠之通利貞誠之復鳶飛魚
躍之機舉萬物皆然

默識心通活潑潑地無物不有無時不然

活潑潑地無物不有無時不然只是生生之機

子思姑舉鳶魚二物示人以道體耳其實盈天地間無一物而非道體之所寓也夫子川流之嘆亦舉一端以示人

鳶飛魚躍是道理無一毫之空缺處逝者如斯不舍晝夜是道理無一息間斷處

以言乎遠則不禦以言乎邇則靜而正以言乎天地之間備矣即鳶飛魚躍之意

道大無外知者鮮矣○元無虧欠元無止息

程子言天本廓然無窮知此則道大無窮可知矣

俯仰天地無窮知斯道之大覺四海為小矣

渾然一理至大而粲然條理至密
體用一原顯微無間動靜無端陰陽無始其大無外
　其小無内非知道者孰能知之
遠遊篇曰道可受兮而不可傳其小無内兮其大無
　垠形容道體之言也
無毫髮欠缺無瞬息間斷此理真不得而名故夫子
　取無聲無臭以形容之若以物喻之即滯於形器
　矣
無形皆是道有形皆是氣氣形而下者也道形而上
　者也

性與天道無内外無限量無止息

今天地萬物人皆知之而所以爲天地萬物則人莫得而知之也如欲知之是所謂誠歟道歟理歟命歟性歟帝歟神歟鬼歟太極歟其極一而已矣

或問大虚程子曰亦無虚遂指虚曰皆是理安得謂之虚天下無實於理者朱子曰天下之理至虚之中有至實者存至無之中有至有者存夫理者寓於至有之中不可以目擊而指數也觀程朱之言可以知道矣

程子曰天本廓然無窮即道之廓然無窮也天以形

體言道道即理也

道無待於言而著無非道也識者鮮矣

○論性

孟子言性善擴前聖之未發程子性即理也與張子皆論氣質之性又擴孟子之未發至朱子會萃張程之論性至矣

因惻隱羞惡恭敬是非之情善而知仁義禮智之性善亦猶因水之流清而知其源之清也此先儒之成說特申言之

性本善反之而惡如水性本下搏激之可使過顙在

山亦反水之性也然其就下之性終在故反性爲
惡而本善常在
易言繼之者善也此善字實指理言也孟子言性善
此善字虛言性有善而無惡也然孟子言性善實
自繼之者善來因繼之者善故性有善而無惡也
天命有善而無惡性之謂也
性即理也千萬世論性之根基朱子所以明程子之
言也○天下之理具於吾心性無不同也
性者萬善之一源即無極而太極也
天理本善故人性無不善故程子曰性即理也

張子曰性者萬物之一原即周子所謂無極而太極也○性與天道内外合一其大無窮

楊龜山曰人性上不容添一物此言當深翫

程子曰性即理也理則自堯舜至於塗人一也此論本然之性又曰才禀於氣氣有清濁禀其清者為賢禀其濁者為愚此論氣質之性

性者萬物之一源無方所無形象

性即理也滿天地間皆性也

朱子曰五性之殊散為萬事是萬事皆一性性即太極○心性天一理也其大無外

以不雜者言之謂之本然之性以不離者言之謂之
氣質之性非有二也
人心即食色之性道心即天命之性
性一也本然之性純以理言氣質之性兼理氣言其
實則一也故曰二之則不是
程子曰形易則性易性非易也氣使之然也
本然之性理一也氣質之性分殊也
程子謂善固性也惡亦不可不謂之性也疑其自太
極圖說中來圖說曰五性感動而善惡分謂之分
則二者皆自性中來但順則為善不順則為惡耳

性之本體未感物時渾是善到感物而動之初則有善有不善周子所謂幾也

程子曰善固性也惡亦不可不謂之性也可見理雖不雜乎氣亦不離乎氣

人之性與氣有則一時俱有非有先後也

惡亦是性只是性翻轉了便為惡非性之外別有一物為惡也如陰符經五賊之說可見

只是一箇性分而為仁義禮智信散而為萬善

性外無一理○千古聖賢之言一性字括盡

天理本一也由陰陽之運而參差不齊人性本一也

由人心之感而善惡有異

人物皆得天地之氣以成形所謂天地之塞吾其體皆得天地之理以成性所謂天地之帥吾其性體性人與物皆同所謂理一也然人得其氣之正而理亦全物得其氣之偏而理亦偏聖人尤得其氣之最清最秀者故性極其全與天地合德賢者稟氣次乎聖人故其德出乎凡民皆分殊也

在天為命在人為性一而二二而一者也

性即理也循天理即率性也

本然氣質之性具見於太極圖

仁義禮智即是性，非四者之外别有一理為性也。道只是循此性而行，非性之外别有一理為道也。德即是行此道而有得於心，非性之外别有一理為德也。誠即是性之真實無妄，非性之外别有一理為誠也。命即是性之所從出，非性之外别有一理為命也。忠即盡是性於心，非性之外别有一理為忠也。恕即推是性於人，非性之外别有一理為恕也。然則性者萬理之統宗歟？理之名雖有萬殊，其實不過一性。

程子言性即理也，故滿天地間皆理，即滿天地間皆

性矣此合内外之道也

論氣不論性不明是指告子以知覺運動生之義為性而不知性即理也故不明

論性不論氣不備言孟子論性善固得性之本原然不論氣則不知有清濁昏明之異故未備論氣不論性不明言告子以知覺運動之氣為性而不知性之善故不明論性不論氣此氣字指氣質之性而言論氣不論性此氣字指告子以知覺運動之氣而言蓋告子論氣　不知有清濁昏明氣質之性也二之則不是言性不離氣氣不離性分性氣

為二則不是

人物之生各接得天賦之命以為性

論性不論氣不備言孟子於極本窮原之性已明但未備耳論氣不論性不明則是告子全不識性也

論性不論氣不備有二説性氣不相離專論性不論氣則性無安泊處此不備也性氣既不相離因氣有清濁故性有明暗若專論本然之性善而不論氣則不知有清濁明暗氣質之性此不備也

程子曰氣清則才善氣濁則才惡稟得至清之氣為聖人稟得至濁之氣為愚人如韓愈所言公都子

所問之人是也愚謂韓子所言即性有三品之說公都子所問即有性善有性不善云云者此皆言氣質之性也

人之物欲淺深由於氣質之有清濁也氣質極清者自無物欲之累其次雖或有之亦淺而易去氣質極濁則物欲深而去之也難

朱子曰心有善惡性無不善若論氣質之性則有不善

張子曰形而後有氣質之性善反之則天地之性存焉故氣質之性君子有弗性者焉此言氣質昏濁則天地之性為其所蔽故為氣質之性善反之而

變其昏濁則天地之性復明若氣質本清則天地之性自存初無待於反之之功也

程子言惡亦不可不謂性也此指理在氣中荀子言性惡則專主氣言故有不同

氣質之性以理在氣中而言氣質之濁者理為之蔽性固有不善氣質之清者理無所蔽性焉有不善乎

古聖賢多言私欲為人性之蔽至張子程子皆論氣質之性則知為人性之蔽不獨私欲而亦拘於氣質故朱子論人性之蔽必兼私欲氣稟言之

就氣質中指出仁義禮智不雜氣質而言謂之天地

之性以仁義禮智雜氣質而言故謂氣質之性非
有二也
有氣即有性有性即有氣性雖不雜乎氣亦不離乎氣
論性不論氣不備有二說專論性不論氣則性無安
泊處此不備也專論性不論氣則雖知性之本善
而不知氣質有清濁之殊此不備也論氣不論性
不明亦有二說如告子以知覺運動之氣為性而
不知性之為理此不明也如論氣質有清濁之殊
而不知性之本善此不明也二之則不是蓋理氣
雖不相雜亦不相離天下無無氣之理亦無無理

之氣氣外無性性外無氣是不可二之也若分而爲二是有無氣之性無性之氣矣故曰二之則不是

知性善則天下之道皆自此出不知性而論道者妄也

萬物不出中者以性上不可加一物如龜山所云也

公都子所問三者之性前二説朱子以告子蘇氏胡氏之言證之固非矣後一説以韓子性有三品之説明之程子曰氣清則才善氣濁則才惡稟得至清之氣生者爲聖人稟得至濁之氣生者爲愚人如韓愈所言是也然則此一説正論氣質之性未爲非也但孟子專論性不及氣耳

元者善之長亨利貞皆善也仁為善之長禮義智皆善也性命一理也有善而無惡也明矣

善最大以性無不在也

劉子曰民受天地之中以生所謂命也中也命也即天命之性也

性譬如一源水引去清渠中則水亦清亦猶氣清而性亦明也引去濁渠中則水亦濁亦猶氣昏而性亦昏也是則水有清濁者渠使之然而水則本清性有昏明者氣使之然而性則本明此先儒之説余特述以明己意耳

萬物各受此理如衆水各受此日光但物之清者受此理則理亦明物之昏者受此理則理亦昏昏非理昏也由物之昏蔽之也如水之清者受此日光則光亦明水之濁者受此日光則光亦暗暗非光暗也水之濁以淆之也以是觀之則性本善而無惡可知其惡者皆氣質之拘也

性如水水本清被泥沙濁了便濁了也只得謂之水性本善被氣質夾雜惡了便惡了也只得謂之性故程子曰惡亦不可不謂之性者此也

程子曰人之於性猶器之受光於日日本不動得此

一證則此理萬古常存而可知矣

程子曰善固性也惡亦不可不謂之性也性一而已矣氣質清粹而無所蔽則皆以仁義禮智之性發而爲惻隱羞惡辭讓是非之情所謂善固性也氣質濁雜而有所蔽則仁流爲耽溺義流爲殘忍禮流爲矯僞智流爲譎詐所謂惡亦不可不謂之性也

理本齊而氣不齊

氣强理弱故昏明善惡皆隨氣之所爲而理有不得制焉至或理有時而發見隨復爲氣所揜終不能長久開通所謂爲學者正欲變此不美之氣質使

理常發見流行耳然非加百陪之功亦莫能致也
元亨利貞天之命也仁義禮智人之性也四者惟人
與天合而得其全就人中細分之又有氣質清濁
通塞之不齊有全之全者有全之半者有全之少
者有皆不能全者其品盖不能勝計也至於物則
拘於氣質愈不能全矣如木得仁之性火得禮之
性金得義之性水得智之性皆不能相通也蜂蟻
得義之性雎鳩得智之性虎狼得仁之性豺獺得
禮之性亦不能盡推也是則同者生理之一源異
者氣質之萬殊

朱子曰明命赫然罔有内外是性無内外也
性為萬理之樞故曰天下無性外之物而性無不在
人性分而言之有五合而言之則一一不可見而五
則因發見者可默識也
中正仁義性也性即太極也夫豈性之外復有太極
太極之外又有所謂性哉
此理在天未賦於人物謂之善已賦於人物謂之性
故朱子太極圖解曰其動也誠之通也繼之者善
萬物之所資以始也其静也誠之復也成之者性
萬物各正其性命也孟子言性善指理之在人心

者而言易言繼之者善指理之在造化者而言其實一也

一性散爲萬善萬善原於一性一本萬殊萬殊一本也善即性也爲善即所以盡性也爲不善則失其性也性之一字無所不包當時時體認而力行之孟子所謂左右逢其源者即此性也

萬理之名雖多不過一性性之一言足以該衆理

朱子謂孟子七篇皆不能外性善之一言竊意豈獨孟子七篇學者默識而旁通之則雖諸經之所言皆不外於是理矣

一日偶思性非特具於心者爲是凡耳目口鼻手足動靜之理皆是也非特耳目口鼻手足動靜之理爲是凡天地萬物之理皆是也故曰天下無性外之物而性無不在

性無聲無臭不可以物形容之

以靜言性則可以靜形容性則不可

天地萬物惟性之一字括盡

天以一理賦與萬物人得其全物得其偏於全之中又有氣質昏明強弱之不齊惟生知上聖氣得其清於全者無所蔽中人以下則氣質昏濁而全者

不能無蔽與物之偏者無異此人有近於物者物於偏之中又有得其一端之明者如雎鳩有別蜂蟻君臣之類此物有近於人者但物之氣質之偏終為所拘不能通乎理之全惟人能變化氣質則有可通之理故張子曰善反之則天地之性存焉氣質之性君子有弗性者存焉

天所賦之性無時不然物所受之性無物不有

程子性即理也之一言足以定千古論性之疑

程子曰性即理也發明性善無餘蘊矣

內外合一性與理無二致

自孔孟後皆不識性荀子謂性惡楊子謂善惡混先儒固已辯其非矣唐韓子原性篇以仁義禮知信論性以喜怒哀懼愛惡欲論情獨於性情爲有見三品之説蓋孔子唯上知與下愚不移之意兼氣質而言也是雖不明指出氣字而意已在其中矣竊謂自孟子後論性惟韓子爲精粹又豈荀楊偏駁者可得同年而語哉

程子不言太極其論性天道即太極也

天所賦爲命元亨利貞也人所受爲性仁義禮智也

天下古今萬理不出性命

朱子曰道則天人性命之理天命元亨利貞也人性仁義禮智也理統性命而言天人之學貫於一

天命天道天理天性天德一也

言乾則元亨利貞已具言性則仁義禮智已具

中庸序曰天下之理豈有加於此哉此即精一執中也中即天命之性也天下之理豈有出於天命之性哉○道理不出性情二字

誠之源即張子所謂性者萬物之一原

性者道之體情者道之用體用一原顯微無間

於春曰元於夏曰亨於秋曰利於冬曰貞其命一也

在父子曰仁在君臣曰義在長幼曰禮在夫婦曰智在朋友曰信其性一也

言命即有性言性即有命命性一理也言心即有性言性即有心心性不相離也天人無二内外無間

朱子曰性為之主而陰陽五行為之經緯錯綜又合以類而凝聚而成形焉即所謂上天之載無聲無臭而實造化之樞紐品彙之根抵也

凡性理字皆聖人所制以明難明之道

曰命曰性曰誠曰道曰理曰太極一也

程子曰理性命一也

廓然而大公者性也物來而順應者情也性者情之
體情者性之用此性所以無內外也
性者人所受之天理仁義禮智也天道者天理自然
之本體元亨利貞也性與天道渾合無間故曰其
實一也
窮理即知性也盖性即理也故窮理即知性也楊龜
山論人性上不容添一物是天下之理莫過於性
天地以生物為心元亨利貞也人得天地生物之心
以為心仁義禮智也是即天命之性也
○附物性

鳥獸皆知寒煖饑渴牝牡利害之情而不知禮義之
當然乃其氣體昏塞之甚而不能通也晦菴朱子
所謂知覺運動之蠢然者人與物同仁義禮智之
粹然者人與物異正謂此耳

仁之性物得者尤多如牛呼犢而鳴鳥護子而翔雞
護雛而啄犬護子而噬皆慈愛之發於自然也但
為形氣所拘於此一端畧能發見他則不能類推矣

天將陰而穴居者先知如蟻出而鸛鳴於垤是也以
此見物物各有一性

至微之物尤可見其性識之靈常看蟻出穴者雖行

百步之遠一往一返行列不亂而又不迷失故穴

非其性識之靈能若是耶

衆蟻得一物合力舉之以歸其穴謂之無知不可

犬至賤而有義主家雖貧甚而不去亦可見性無不

在也

鳥逮天未陰雨而綢繆牖户亦其智之一端

鳥性巧如燕作巢之類可見

瓜瓠之類以竹木引之皆纏附而上又似有心者盖

主宰乎是者乃其心也

鴻鴈之避寒暑鷄鴨之避風皆其智之一端

[illegible]羶而蟻聚至微之物亦有知覺性無不在可見矣
飛潛動之物皆有知有性植物則無知而有性
細看植物亦似有心但主宰乎是使之展葉開花結
實者即其心也

○論仁

元大而始人得天地生物之心以為仁則仁道之大
可知

仁從乾元大本大原中流出所以為衆善之長

仁者天地生物之心人之所得以為心即專言仁則
包四德

◎

生之理仁也活潑潑地仁之發也

仁為天之尊爵則禮義知信皆仁所統也

程子曰愛情仁性不可以愛為仁然仁是愛之性愛是仁之情程子之意但謂不可以情為性耳而愛之情終自仁之性出故論仁以愛為仁固不可而仁之情實不外乎愛也

仁道至大以即天地生物之心也

程子曰復其見天地之心一言以蔽之天地以生物為心朱子論仁本於此

論語多專言仁

程子曰不仁者無所知覺指知覺為仁則不可竊疑知覺之所以能知覺者由生理之流行而無間也生理是仁知覺是智如人一身生理周流無間是仁有是仁方能知覺痛癢生理不周流則不仁不仁則不知痛癢所謂手足痿痺不仁也

仁則滿腔子是惻隱之心故有知覺不仁則此心頑然無知覺矣

生理無不貫者仁也○仁道之大莫能禦

仁推之千萬億物無不通

生意無窮偶於李核可見如一李核種之即成一株

一株姑以結百李言之種之即成百株百株結千李種之即成千株千株結萬李種之即成萬株萬株結百萬李種之即成百萬株由是推之生生之理蓋不可勝窮也人道之大于此亦可見

充滿天地皆元氣流行此仁道所以為大也

仁即道也能以愛己之心愛人則盡仁道也有一毫私欲之間雜即非仁矣

仁則一不仁則殊

或以宅喻仁謂心在仁之内為主心在仁之外為賓

嘗考程子有曰心如穀種其生之性仁也以此觀

之則心與仁未嘗相離若謂心在仁之內心在仁之外是分心與仁相離為二矣且曰心在仁之外則其在內之仁又孰為之主是有無心之仁也恐其說有未盡竊意三月不違仁者心在內即仁在內為主日月至焉者或一日心與仁在內或一月心與仁在內是心與仁在外之時多為賓未知是否姑書以俟來世

余思仁數日未得其說忽於惻然隱卹慈良之端似可即用以窺體有一毫忮害之心即非仁矣

天地生物之心元也人得之為仁

人惻然慈良之心即天地藹然生物之心

知覺不可訓仁所以能知覺者仁也

仁之道大仁即天地之元也元於天之四德無不統

仁於人之四德無不貫其大可知

仁道至大是萬物皆仁也看來天地之道只一元字

都括盡人道只一仁字括盡

仁則不間斷間則非仁矣

仁只是此心之理與萬物都相貫通故欣戚相關而

能變纔不貫通便相間隔只知有已不知有物欣

戚不相關而不能變矣然貫通非仁其貫通之理仁也

朱子曰程子言仁本末甚備今撮其要不過數言蓋曰仁者生之性也而愛其情也孝弟其用也公者所以體仁猶克己復禮為仁也學者於前之三言者可以識仁之名義於後一言可以知用力之方矣

仁是嫩物譬之草木嫩則生老則枯

纔有私便不能推所以為不仁

○論心

心者氣之靈而理之樞也

人心通貫天地之心

心所具之理為太極心之動靜為陰陽

在人始有心之名在天則渾然是理理具於人心乃
可言心統性情
朱子言人心最靈而有以通貫乎性命之全體心性
命一理也
萬起萬滅而本體湛然有常者其心之謂歟
如來旦將早作而中夜屢寐屢寤警惕不安者心之
神明使然歟
耳目口鼻各專一事而心則無不通
四方八面之聲無不聞者竅雖在耳神則在心不行
而至不疾而速心之謂歟

視其色在目而知其色之理在心聽其聲在耳而知其聲之理在心食其味在口而知其味之理在心聞其香在鼻而知其香之理在心此心所以為一身之主宰也

心統性情張子就人心說心體無窮故於性情無不統天道流行命也命賦於人性也性與心俱生者也性體無為人心有覺故心統性情

人心至為神明如來日將早作今夕雖熟寐之甚及至其期而自覺此非心之神明乎

心統性之靜氣未用事心正則性亦善心統情之動

氣已用事心正則情亦正心有不正則情亦不正矣

性純是理故有善而無惡心雜乎氣故有不能無善惡朱子曰心比理則微有迹比氣則又靈又曰心是氣之精爽

程子曰有是心則有是迹王通言心迹之判便是亂道以此而觀心迹既不可判則人為善之迹固出於心而為惡之迹亦出於心也明矣

人惟一心操之為君子放之為小人

自古興亡治亂之幾皆由於心之存亡

天命性道德皆天理也分而言之自其出扵天者謂之天命元亨利貞是也天命賦扵人者謂之性仁義禮知是也率性而行莫不各有仁義禮知父子君臣夫婦長幼之道所謂道也行是道而得仁義禮知之性扵心所謂德也合而言之莫非天理也然所以具天命之性行率性之道得仁義禮知之德全天理之體用者皆本扵心故張子曰心統性情

讀書録十四卷終

薛文清公讀書全録類編卷之十五

○論學

三代之學皆所以明人倫也外此便是世俗之學

學問實自靜中有得不靜則心既雜亂何由有得

人聞道學之名不駭以為高則笑以為迂且為學而不學道則無奚理人倫矣果何學乎

學不至於聖賢只是有不誠處

學者自幼便為謀利計功而學宜其不足以入堯舜之道

人為學至要當於妄念起處即遏絶之余每嘗用力

於此故書以自勵

為學第一在變化氣質不然只是講說耳

有人為學者徒曰講道學道不知所以體認之則所講所學者實未知為何物也

不使他事勝好學之心則有進

為學大抵就已分上去其本無之私欲全其固有之天理耳

學後世之詩到工處止做得詩人學聖人之道到極處可以為聖人

作詩作文寫字皆非本領工夫惟於身心上用力最

要身心之功有餘力游焉可也
升堂入室必以階而君子爲學亦必以階小學大學古爲學之階也秦漢而下學者莫得其階升堂入室者寡寡而迷惑顛躓於異學功利之途者衆矣卒亦何所至耶今朱子小學四書猶古之階也循此而登循此而聖是在人焉耳舍是而階於他吾不知其所至矣
爲學最要務實知一理則行一理知一事則行一事自然理與事相安無虛泛不切之患
堯舜禹湯文武周孔顏曾思孟周程張朱正學也不

學此者即非正學也
因思學不進大病在見理不明信道不篤今欲學道又怕既學道為道理拘束與自家身心上受用外物相妨欲不學道又見説此是箇好道理若見理明則必知外物之樂不如是道之樂如是而學其有不進者乎
為學只是學天理人倫外此便非學
申公曰為治不在多言顧力行何如耳余謂為學不在多言亦顧力行何如耳
學以静為本○學貴乎日新

明道作字甚敬曰非欲字好只此是學推之凡事皆然

爲學時時處處是做工夫處雖至鄙至陋處皆當存謹畏之心而不可忽且如就枕時手足不敢妄動心不敢亂想這便是睡時做工夫以至無時無事不然

程子謂朞月三年一世大國五年小國七年之類皆當思其作爲如何乃有益竊謂爲學亦然凡讀聖賢書於其一字一句皆當思其作爲如何乃有益也

道從天出是有本之學文章俗學所以淺者由不知

大本大原自天出而賦於人物故雖博極群書識
達古今馳騁文章建立事功終爲無本原而淺故
君子貴乎知道
只於文辭議論是非得失而不本於道終是淺朱子
論前輩有云
爲學第一工夫立心爲本心存則讀書窮理躬行踐
履皆自此進孟子曰學問之道無他求其放心而
已程子曰聖賢千言萬語只是欲人將已放之心
收之反入身來自能尋向上去皆此意也
天下之理有正有邪正者仁義禮知聖賢之學也邪

者異端權謀術數非聖賢之學也謹守正理不為邪學所惑則近道矣

千古聖賢之學惟欲人存天理遏人欲而已明本然之性氣質之性與喜怒哀樂已發未發之性情了然無疑此本領之學也

為學只是要知性復性而已朱子所謂知其性之所有而全之也

人之為學當於性情上用功尤切

學問大本原在天命之性於此所見不差則天下之理不差矣

為學之要莫切於動靜動靜合宜者便是天理不合宜者便是人欲

為學於應事接物處尤當詳審每日不問大事小事處置悉使合宜積久則業廣矣

克勤小物為學之切要

望道未見之心即求道不已之心學者以是自勵則其進自不能止矣

理學淵源無窮○雜博之學不可以入堯舜之道本領之學天命之性是也

君子有所為有所不為如為聖人之學則不為異端

之學苟無所不為則其學雜矣

為學只要分理欲二字

程子曰古之為學專養性情蓋性者仁義禮知乃道之體情者惻隱羞惡辭讓是非乃道之用故養性情即學道也

天下古今學術之邪正義利之分而已

古之學也一後之學也支

進學之本惟在忠信聖賢言之詳矣

思無疆為學思索義理者當深體之蓋義理深遠無窮苟思慮淺近則不足以造其蘊惟思慮無疆則

可以得高深玄遠之旨易曰惟深也故能通天下之志

程子曰敬義夾持直上達天德自此為學之要也

張旭見擔夫與公主爭道及公孫大娘舞劍而草書進乃心嘗思念至此而感發程子曰須是思方有感悟處若不思怎生得如此然可惜張旭留心於書若移此思道何所不至此即無忘之意

人之學道由經而入窮經有得則道不在經者可默識矣○學須有覺方得總會處

精粗本末兼盡所以為聖賢之學若舍粗而求精厭

末而求本所謂語理而遺物語上而遺下鮮不流
而為異端

理學不明無徃而不陷溺於異端

外聖賢之學便是異端機權世俗之學

得聖賢之眞則知異學之妄

多記駁雜之事妨正理

氣昏物誘性之害識明理勝者學之功

朱子曰知其性分之所固有職分之所當為而各俛焉以盡其力千古聖賢之學只是學如此而已舍此皆是俗學

求復仁義禮智之性即是道學

易言修辭立誠乃為學第一工夫

張子曰學至於不責人其學進矣此言當深體而力行之余屢言及此而不厭其煩者亦欲深省而實踐之也

為學之要在於知性善知性善則知所用力矣

學至知道乃可以言學道者何性是也

看得為學無別法只是知一字行一字知一句行一句便有益心不妄思一心皆天理身不妄動一身皆天理事不妄為事事皆天理

聖人學性理學其本衆人學詞章學其末

所以為學者只為人固有之善或蔽於氣質物欲有時而失故須學以復之及其既復則本分之外不加毫末後人不知學其所固有而學文辭字畫之類求工求奇徒敝精神於無用其失遠矣

用力於曲學之差矻矻終身而無所得

為學當謹守聖人之道雖未至是亦聖人之徒也

學不進率由於因循

吾心誠志於學天其遂吾願乎

發端者時之新也為學亦當與時俱新宣德辛亥元

日書於辰溪分司

學以四書為本

學道固自聖賢之書而入苟徒翫心章句之間而不求實理之所在則亦無以有諸己矣

余少年學詩學字錯用工夫多早移向此庶幾萬一道學以五經四書為本專用心於史學者無自而入道

孟子專心致志四字讀書之至要

邵子詩云不讀人間非聖書凡不正之書皆不可讀

自有文籍以來汗牛充棟之書日益多要當擇其是

而去其非可也

鄭聲亂雅樂雜書亂聖經

餘事量力所及而已非可必也惟讀書一事乃吾之本心所得肆力其間而莫余止者也韓子吾老着讀書餘事不掛眼之句實獲我心焉

萬金之富不足以易吾一日讀書之樂也

外物之味久則可厭讀書之味愈久愈深而不知厭也

讀書以防檢此心猶服藥以消磨此病病雖未除常使藥力勝則病自衰心雖未定常得書味深則心自熟久則衰者盡而熟者化矣

學有所得必自讀書入讀書千熟萬熟時一言一句
之理自然與心融會為一斯有所得矣

讀前句如無後句讀此書如無他書心乃有大得

讀書所以不見德崇業廣者只是講說不曾實行如讀學而時習章便能學而時習否讀其為人也孝弟章便能孝弟否讀顏淵問仁章便能非禮勿視聽言動否若不能如此只是講說耳

讀書貴知要只顏子四勿心不絕想口不絕念守之勿失循之勿違豈有差錯從觀天下之書而不知用力處雖多亦奚以為

不察理之有無而泛讀一切不經駁雜之書務以聞見該博取勝於人吾知其記愈多而心愈窒志愈荒而識愈昏矣如此讀書非徒無益是又適所以為心術之害也

凡讀書須虛心定氣緩聲以誦之則可以密察其意若心雜氣粗急聲以誦真村學小兒讀誦聞高聲又豈能識其旨趣之所在耶

讀書當出己之口入己之耳

讀書惟寧靜寬徐縝密則心入其中而可得其妙若躁擾褊急粗畧以求之所謂視而不見聽而不聞

食而不知其味者也焉足以得其妙乎
口念書而心外馳難乎有得矣
朱子曰董遇云讀書千遍其意可見又曰思之思之又重思之思之不通鬼神將教之非思之力也精神之極也非妄語也此言讀書熟思之精自有通悟時也
讀書不尋思知迅風飛鳥之過前響絶影滅亦不知聖賢所言為何事要作何用唯精心尋思體貼向身心事物上來反覆考驗其理則知聖賢之書一字一句皆有用矣

讀書講明道義求日用之實理也若讀書而不講明道義則溺心於文字之間終不能知實理之所在

聖賢之書神而明之在乎人不然書特塵編耳

書能神而明之則活潑潑地

聖賢之書所載皆天地古今萬事萬物之理能因書以知理則理有實用不然書自書理自理何以有實用哉○程朱傳註少有用心於其間者

偶得一卷中庸書因思此書滿天下能因中庸之書實得中庸之理者幾何人哉燈下記此以上四條

舍小學四書五經宋諸儒性理之書不讀而先讀他

書猶惡覩泰山而喜丘垤也藐乎吾見其小矣

程子曰予所傳者辭也由辭以得其意則在人焉爾

讀書之法皆當由辭以得意徒得其辭而不得其意章句文字之學也

四書頃刻不可不讀

人果能誠心求道雖五經四書正文中亦自有入處若無誠心向此雖經書一章反覆以數萬言釋之人亦不能有得也

莫不飲食鮮能知味日用而不知凡民也不獨凡民爲然恐讀書而不明理者亦然

讀聖賢之書句句字字見有的實用處方爲實學若徒取以爲口耳文詞之資非實學也

柳子晉文公問守原議胡不讀

得意忘言乃知讀書不可滯於言辭之間當會於言辭之表

讀書皆以明本來固有之理而欲行之無疑耳

聖賢言格物致知處便當效其格物致知言存養省察處便當效其存養省察聖賢爲教之法無不效其所爲則讀書有切己之益而不爲口耳之陋矣

讀書必精專不二方見義理有一念之雜即隔一重

矣以鴻鵠之心讀書必不能造乎精微

濂洛關閩之書一日不可不讀周程張朱之道一日不可不尊舍此而他學則非矣

讀聖賢書於凡切要之言皆體貼到自已身心上必欲實得而力踐之乃有益不然書自書我自我雖盡讀聖賢書終無益也

讀書不於身心有得憒然而已

讀書只當以正文傳註為本正文傳註已通析尚有可疑者乃可參攷語録諸說竊見傳註之外皆有諸儒小註經文不過數語而小註乃至數千百言

其實學者不但不能周覽并經文傳註亦不能精奚着有大聖賢作必重加芟削矣

讀書吾得其要天命之性是也

讀書固不可不思索然思索大苦而無節則心反為之動而神氣不清如井泉然淆之頻數則必濁凡讀書思索之久覺有倦意當斂襟正坐澄定此心少時再從事於思索則心清而義理自見

思索大劳而不節暴其氣也

○論敬

敬字自書中說起孔子解坤六二說敬與義尤詳切

為學之要無越於此

敬為百聖傳心之要凡見於書者尤詳程子發明其所以為敬之義精矣

人不主敬則此心一息之間馳騖出入莫知所止也不主敬則嗜欲無涯馳騖不止真病風狂惑之人耳

程明道曰中有主則實則外患不能入此實字指主敬而言主敬則天理存而心實外患自不能入伊川曰中有主則虛虛謂外邪不能入此中有主即主敬之主主敬則理雖實而心體常虛虛謂外邪不能入又曰中無主則實實謂物來奪之此實字

指外物言中無主謂不主敬即中無主而天理不存外物皆得以入故曰實實即物來塡塞於中

程子謂未出門時此儼若思也又曰未接物時只主敬便是爲善皆發先聖所未發

人不持敬則心無頓放處○斯須苟且即非敬矣

程子作字甚敬曰只此是學蓋事有大小理無大小大事謹而小事不謹則天理即有欠缺間斷故作字雖小事必敬者所以存天理也

千古爲學要法無過於敬敬則心有主而諸事可爲只主於敬纔有卓立不然東倒西歪卒無可立之地

主敬則思不出位而分定矣

敬則都是一片公正的心不敬則無限私竊的心生矣○敬則立怠則廢

纔敬則渣滓融化而不勝其大不敬則鄙吝即萌而不勝其小矣○敬則光明

心如鏡敬如磨鏡鏡纔磨則塵垢去而光彩發心纔敬則人欲消而天理明

敬則中虛無物○敬則卓然

古語曰敬德之聚也此語最宜潛體蓋道妙莫測靡有攸定惟敬則能凝聚得此理常在如心敬則凝

聚得德在心上貌敬則凝聚得德在貌上以至耳目口鼻之類無不皆然或有不敬則心君放逸而天德亡百體懈弛而物則廢雖曰有人之形其實塊然血氣之軀與物無以異矣此敬之一字乃聚德之本而為踐形盡性之要也與

程子之主敬周子之無欲皆為學之至要

易搖而難定易昏而難明者人心也惟主敬則定而明○程子挈敬之一辭示萬世為學之要

莊敬日強安肆日偷之語宜深體翫蓋莊敬則志以帥氣卓然有立為善亹亹不倦而不知老之將至

安肆則志氣昏惰柔懦無立翫愒歲月悠悠無成

矣。涵養吾一一即主敬也

不輕妄則厚重不昏塞則虛明其要在主敬

常主敬則心便存心存即應事不錯

主一則氣象清明二三則昏昧矣

程子論恭敬曰聰明睿智皆從此出蓋人能恭敬則心肅容莊視明聽聰乃可以窮衆理之妙不敬則志氣昏逸四體放肆雖粗淺之事尚茫然而不能察況精微之事乎以是知居敬窮理二者不可偏廢而居敬又窮理之本也

◎

纔收斂身心便是居敬纔尋思義理便是窮理二者
交資而不可缺一也
一於居敬而不窮理則有枯寂之病一於窮理而不
居敬則有紛擾之患
居敬有力則窮理愈精窮理有得則居敬愈固
居敬以立本窮理以達用
吾性覺竦快寫字有差遺者即此是敬不屬慮謹之
行第一步心在第一步上行第二步心在第二步上
三步四步無不如此所謂敬也如行第一步而心
在二步三步之外行第二步而心在四步五步之

外即非敬矣至若寫字處事無不皆然寫第一字心在第一字上為一事心在一事上件件專一便是敬程子所謂主一之謂敬無適之謂一與從事於主敬者斯得太極之妙

敬字一字無欲字乃學者至要至要余近日甚覺敬與無欲之力○惟敬足以神明其德

如存心端坐之時此居敬也或讀書而思索義理或處事而求其當否即窮理也

初學時見居敬窮理為二事為學之久則見得居敬時敬以存此理窮理時敬以察此理雖若二事而

實則一矣

敬是方做工夫誠是已成就處

持已得一敬字接物得一謙字敬以持已謙以接人可以寡過矣

◎事天

事天當自一念之微純乎天理次而一身一家皆出於至正則事天而天心悅矣

古語云事天以實不以文存其心養其性事天之實也○敬天之心瞬息不敢怠

天誠可畏近而吾心吾身密室顯地無非天也敢不

畏乎○近來誠實畏天而不敢萌一念之惡

天地者吾之父母也凡有所行知順吾父母之命而已遑恤其他

父母生子耳目口鼻四肢百骸無不備人子能體其全而歸之斯謂之孝天之生人五常百行之理無不全人能以事親之心事天於天所賦之理無一之或失則亦天之孝子矣

天道可畏聖帝明王事天如事父母父母有怒人子恐懼不寧思有以消其怒聖帝明王之事天亦然

敬天當自敬吾心始不能敬其心而謂能敬天者妄也

○警戒

程子曰吾以徇欲傷生爲深恥學者體此則可以保身矣

老子多藏必厚亡之言曲盡事理自古以來黷貨厚積以取顛覆者多矣而猶不知戒何邪

宗伯曰恬其雋才而不以茂德滋益罪也此可以爲後生輕俊者之戒

人之饗用當各量其分薄功而厚饗鮮不仆矣錦衣玉食古人謂惟辟可以有此以其功在天下而分所當然也世有一介之士得志一時即後用無節

甚至袒衣皆綾綺之類宜其顛覆之無日此余有目覩其事者可爲貪後之戒

細思千古以來窮奢極欲者漠然無存矣但留不令之名於不泯耳

利者人心之同欲而欲專之可乎

人於聲色臭味之樂取快須臾真其所謂過客止耳何苦深溺其中而害吾固有之德哉

言不及行可恥之甚非特發於口者謂之言凡著於文詞者皆是也嘗觀後人肆筆奮詞議論前人之長短及夷考其平生之所爲不及古人者多矣豈

非言不及行可耻之甚乎吾輩所當深戒也

富貴利達在天無可求之理德業學術在人有可求之道誠欲厚其子孫以可求者教之善矣欲以不可求者厚之豈非愚之甚耶

古人衣冠偉博皆所以莊其外而肅其内後人服一切簡便短窄之衣起居動靜惟務安適然無所嚴内無所肅鮮不習而爲輕佻浮薄者

富貴易至溺人可不謹哉

節儉朴素人之美德奢侈華麗人之大惡

人欲無涯不以禮節之莫知所極矣

好議論前輩得失乃初學之大病前輩誠有不可及者未可輕議也

在古人之後議古人之失則易處古人之位爲古人之事則難

以紙上之言觀往事率皆輕議古人處事之失設使身居其地吾見其錯愕失措者多矣

乞播之富貴恬不知耻可恠也夫

惟以文辭名位自高而貪鄙之行有不異常人者斯亦不足貴也已

不可乘喜而多言不可乘快而易事

人爲不善者將以欺天而天不可欺將以欺人而人不可欺曷若不爲之愈也

聖人最惡訐人之陰私

吮癰舐痔而得車多者小人之無恥也

人有萬善纖毫動作不可輕也

舉止不可不慎其幾一毫之差悔不可追

戲謔甚則氣蕩而心亦爲所移不戲謔亦存心養氣之一端

自古以來汲汲於外物之求者併與外物漠然無存矣外物果何益哉

醉於欲者汲汲如狂而心莫知所止矣

人之子孫富貴貧賤莫不各有一定之命世之人不明諸此徃徃於仕宦中昧冐禮法取不義之財欲爲子孫計殊不知子孫誠有富貴之命今雖無立錐之地以遺之他日之富貴將自至使其無富貴之命雖積金如山亦將蕩然不能保矣况不義而入者又有悖出之禍乎如宋之吕蒙正范文正公諸公咸以寒微致位將相富貴兩極曷嘗有賴於先世之遺財乎然則取不義之財欲爲子孫計者惑之甚矣

機在心當慎所發發不以正甚害事

好勝人之大病

有不合當知幾而不可妄求易曰浚恒貞凶

勢到七八分即已如張弓然過滿則折

但當循理不可使氣

迷於利欲者如醉酒之人不堪其醜而已不覺也

程子所謂醉生夢死直不爲虛語

如黃河滔滔之下流而欲捧塊以塞之愚之甚矣

譊譊所爭者真細事耳令人厭之

欲以虛假之善蓋真實之惡人其可欺天其可欺乎

自古來萬變之外物皆泯惟善惡之迹不泯可畏哉

治居室當有序而知足不可以欲速盡美累其心

不可以色詞說人

只可潛脩默進不可求人知

切不可隨衆議論前人長短要當已有真見方可

懈意一生即爲自棄

因一事不快於心而遷怒之心妄發此學者之通病

爲善勿怠去惡勿疑

稱意之事不可加喜喜則爲外物動矣

於方快意之時尤當謹蓋理勢盛衰相根快意之時

乃盛之極而衰之漸也

凡所爲當下即求合理勿曰今日姑如此明日改之一事苟其餘無不苟矣

吾恐人有貴而自滿者所謂位不期驕也此不可不戒

至大之惡由於一念之不善

小人以隱惡爲可以欺人殊不知有昭昭不可欺者此心是也

有高才能文章坐此而取敗者多矣如禰衡孔融之徒是也非特古爲然今亦有之可不戒哉

側媚小人惟得是務不自知其可賤也
人皆妄意於名位之顯榮而固有之善則無一念之
及其不知類也甚矣
試看千古以來溺於外物者竟亦何益於已但垂貪
不知止之名而已
惡流之濫而決其防未見其能止也
一念之欲不能制而禍流於滔天
班固外戚贊曰夫女寵之興繇至微而體至尊窮富
貴而不以功此道家所畏禍福之宗也余謂豈獨
女寵爲然哉小人無大功德而竊高位厚禄亦若

此而已矣

非有過人之識而欲纂集群言以折衷聖賢之經旨多見其不知量也

因讀朱文公與子受之書念之念之夙夜無忝所生之言不勝感發興起中心惻然必欲不爲一事之惡以忝先人

交馳於聲利之塲而此心存焉寡矣

人有一毫之矜飾即心馳於外而氣象卑陋矣

不知仁義道德爲美其所事者皆外物也心役物不可役於物

機事不密則害成易之大戒也

○警訓

因思千古聖賢垂訓炳明蓋欲人讀其書行其道也苟徒資爲口耳文詞之用而不行其道即先儒所謂買櫝還珠也愚惑亦甚矣

嘗過一獨木橋一步不敢慢惟恐蹉跌墜失人之處世每事能畏愼如此安有失者

聖賢垂世立教之意大要欲人復其性而已而後之學者讀聖賢之書但資以爲詞章之用利祿之階而不知一言之切於身心聖賢垂世立教之意果

何在哉

凡聖賢之書皆先知先覺覺後知後覺之言讀其書
而無知覺可乎

學者開口皆能言道是好道理然當自體諸心果能
實好此好道理否又當體之身果能實行此好道
理否若徒能言之於口而體諸身心者皆不能然
是所謂自欺也

德如堯舜學如孔子皆已分之當爲與人一毫無與
以賢智誇人者皆不能究其本也

人亦有此理我亦有此理人不能全而我能之視不

能全者憫憐之可也鄙咲之不可也引掖之可也棄絶之不可也執己能以病人之不能適足以自病而已

讀正書明正理親正人存正心行正事斯無不正矣斯須不可不近正人斯須不可不行正道

學者一日之間心在義理上之時少在閑事上之時多所以於義理生而於閑事熟誠能移在閑事上之心常在義理上念念不忘則天理熟矣

一切外物皆不可思思之又未必得得之又無所益不若專思義理至於久而精明純熟則可以馴達

天道矣
程子曰立人之道曰仁與義據今日人道廢則是今
尚不廢者猶只是有那些秉彝卒殄滅不得觀程
子之言其所感者深矣
聖賢千言萬語只要人存天理去人欲
將聖賢言語作一場話說學者之通患
自喜則自矜之心生
物惡大過自造化尚然況人事乎
勢屈於匹夫義不勝也
人之威儀須臾不可不嚴整蓋有物有則也

萬事敬則吉怠則凶

危懼則得安平慢易則必傾覆易之教也

人有負才能而見於辭貌者其小也可知矣

歷事之久尚不知幾焉得為知

行之而不著習矣而不察學者之通患也

天下古今只有一善而已人不為善何以為人

至大者善也人胡不為善

常人之言猶有可信者不信聖人之言可乎

聖人之言如蓍龜曰吉則吉曰凶則凶

匹夫之志未必皆出於正而猶不可奪况君子之志

於道孰得而奪之哉

勢無兩重之理此重則彼輕此輕則彼重故道義重則外物輕道義輕則外物重爲學之士常使外物不能勝其道義則此日重彼日輕積久唯見道義而不復知有外物矣

衣食之類本爲養生之具不可缺者故聖人爲治必開衣食之源以厚民生但衣食飽煖足矣若過求華麗之衣欲以是誇人而有道者無足觀也必欲極口腹之欲養小以失大君子不爲也是則衣食取足者天理之公過爲華侈者人欲之私君子謹

之
通天地萬物之理皆善也人胡不爲善
千古聖賢未嘗不以警懼之意爲勉
後人只爲多欲故爲異端所小若能如聖人之無欲
而常伸於萬物之上彼烏得而小之
人當大著眼目則不爲小小者所動如極品之貴舉
俗之所歆重殊不知自有天地來若彼者多矣吾
聞其人亦衆矣是又足動吾念耶惟仁義道德之
君子雖願爲之執鞭可也
莊子斲輪之説深中學者溺於語言而不得其意之

弊世有開卷則能説義理真若有所得者掩卷則茫然漫不知所説爲何事誠所謂糟粕者也其弊也久矣

聖言之言如法律條貫循之則安悖之則危其有不然者幸不幸而已

好爲怪異不經之談者不明理也

惟無欲最高有欲則低矣

耳目口天下之善由於此而惡亦由於此陰符經所謂三要也

聖賢欲人皆善之心讀其書親若見之而不能體其

心以爲心可謂自棄者矣
自頂以及踵皆天之所與但當順天而已
非力所及而思者妄也故君子思不出其位
人不自知其過者不明也
道不離人人人慒然無知覺者氣質拘之物欲蔽之也
觀天之道皆公而自然不爲何而春夏生物不爲何而秋冬成物人之道亦公而自然不爲何而行仁義不爲何而行禮智若有爲而行即私而不公矣
大者弗察掇拾小者以爲之不知類甚矣
人有矜伐者亦勞矣

未有逆理而能久者間有之所謂罔之生也幸而免

○聖賢之言如蓍龜言吉則吉言凶則凶或不然者但有淹速耳時下通塞不足爲欣慼要諸久而後見

熟於小知自私者不足以語大道

名利關誠實難過上蔡所謂能言如鸚鵡者真可畏也

一縷之肉而萬蟻咂之一勺之水而萬魚吸之欲滿其欲可乎

人有滿於得意而不覺形於色詞者則其所養可知

矣

人之好諛非特言語爲然也而文辭尤甚也素無實德實才而恱人作文辭以諛已而作文辭者又極口稱譽之彼以諛求此以諛應文辭之弊孰有甚於此乎

一身萬物皆天地公共之器非已所能私也

鳥知擇巢人不知擇所處可以人而不知鳥乎

聖賢之言順之則吉逆之則凶

爲人謀而不忠非仁也

千言萬語只在實

人只爲拘於形體自小若能不爲形體所拘則內外合一而不勝其大矣

有益者不爲無益者爲之所以苦其勞而不見成功

四書滿天下真知實踐者蓋有之矣吾不得而識其人也

見外物重則氣象卑矣

重外輕內學者之通患

進脩皆分內事與人何所干涉而求知乎爲善求人知者皆非爲己之學也

欲人悅己則人有惡己者矣

公於己者能公於人私諸人者由私諸己

器用當用者不可缺有私吝之心則不可

大聲不入於里耳折揚皇荂則嗑然而笑高言不上
於衆人之心驗之世俗誠然

天下至貴者道得之則生失之則死爲天下至貴不
亦宜乎

愛外物好則心不好矣

細思理義出於天至貴至重外物世之所有至賤至
微當常保其至重至貴而不爲賤而輕者所移庶
幾近道矣

人之所爲一有不實即爲妄矣

人而不實無一而可

學者不於身心事物上體認其理而力行之徒矻矻
於記誦文辭之間難乎有得矣

汩溺於聲利之中而不覺何道之敢言言之適足以
爲口耳之末耳

程子曰以小人貪求不已之心移於進德則何善如
之此即孟子所謂求有益於得者求在已者也

程子曰人只有箇天理不能存更做甚人蓋天理即
仁義禮智也四者一有失焉則非人矣

人無忠信不可立於世
人遇拂亂之事愈當動心忍性增益其所不能所行
有窒礙處必思有以通之則智益明
公則人己不隔私則一膜之外便爲胡越
讀易則知陰陽消長之機皆由微以至著聖人謹其
微故不至於著衆人圖其著則亦莫之及矣
位與時學易者宜深體之
有一毫取人之心則言必諛貌必諂所謂巧言令色
鮮矣仁也
只順理便是道

稟氣之濁者心不開明善言不能入

僞學之謗正如毀日月者初何損其明

聽言雖則與之俱化遂失其正故貴乎聽德惟聰

理自不可泯所遇稍有識者皆能言天理但真知而篤信者少矣

外物至輕已德至重重其所輕輕其所重不知類也

外物爲養生之具固不可缺但君子取之有道用之有節小人則取不以道用不以節所謂天理人欲同行異情也

中夜坐思曰天賦之初本有善而無惡人而不爲善

是悖天也
余病頭風久不敢讀書因念克伐怨欲不行可以爲
難之語原憲之學尚未至於仁況未至於憲之學
者可不勉乎
每顧遺體之重未嘗一日敢忘先人
康節曰思慮未發鬼神莫知不由乎我更由乎誰人
能慎所發於將發則無悔矣
人開口皆能談禮義論名節及見利必趨見勢必附
又不知禮義名節爲何物也
言動舉止至微至粗之事皆當合理一舉不可苟先

儒謂一事苟其餘皆苟矣

有意悅人便失其本心

人猶知論人之是非而已之是非則不知也

大抵必能省已之失惟欲尋人之失是所謂不攻已

之惡而攻人之惡大異乎聖人之教矣

術數之學專以窮通壽夭爲命常人信其說而不脩

在已之義惑之甚矣

程子曰雖信鬼怪異說者只是不先燭理

不論人之賢否但見勢利即傾慕豈非失其本心乎

噫意弊也久矣

矯輕警惰只當於心志言動上用力

謀利計功乃人欲之私學者之通患也

人爲外物所動者只是淺

人欲肆而羞惡之心亡矣

無深遠之慮樂淺近之事者恒人也

◎存養

操心一則義理昭著而不昧，一則神氣凝定而不浮。

養德養身莫過於操心之一法也。許魯齋詩曰：萬般補養皆虛僞，只有操心是要規。惟心得而實踐者乃知其言之有味。

不知操持此心則馳騖出入無一息之寧。靜虛則萬理咸具於寂然之中，動直則感而遂通天下之故，此聖所以可學也與。

斯須心不在而動即妄矣。

學者之心當常有所操，則物欲退聽，斯須少放即邪

僻之萌滋矣○心切不可外馳斯須心有不存則與道相忘要當常持此心而不失則見道不可離矣

常存心於義理久久漸明存心於閑事即於義理日昧矣○無義理以養心何所不至

人心所具之性即天所賦之命人能常存仁義禮智之性即不拂乎天之所命或有一之未盡即拂乎天命而自絕於天矣

天命之流注於人心而為性者其來源源無窮人能常存此性則天命無時不流注而其本無窮矣

古人有曰不見可欲使心不亂故四勿視為先

不為耳目口鼻所役覺得心常泰然

雜念多雜言多能存乎道者鮮矣惟一念一言專在扵道則久久自然有得

寡欲省多少勞擾只寡欲便無事無事心便澄然矣

義理之心不可少有間斷孟子所謂無忘是也

心斯須不存即與義理背馳可不念哉

蕩滌私邪存養心性端謹容節

所處之地雖靜而心飛颺扵外亦不得靜也惟身在是而心亦在是則不擇地而靜矣

絕謀利計功之念其心超然無係

專用心於內則有進或出或入則有間矣

偶讀醫書有曰洗心曰齋防患曰戒吾有取焉

湛然純一之謂齋肅然警惕之謂戒

程子曰聖人以此洗心退藏於密以此齋戒以神明

其德

朱子曰明道愛舉聖人以此齋戒以神明其德夫雖

不是本文意思要之意思自好

養性情便是爲善便是學道

一切外事與己本無干涉而與之擾擾俱馳是所以

爲心病惟知止則心自定矣
收歛撿束身心到至細至密至靜至定之極作事愈
有力
工夫緊貼在身心做不可斯須外離
常得心在內則寡過矣○不言而躬行不露而潛修
纔舒放即當收歛纔言語便思簡默
遇事周密處心泰然
爲善之心當念念不忘不可有須臾之間也
勿起一念之妄誠可存矣
天地無內外隱顯之間故貴乎謹獨獨處不能謹而

徒飾乎外僞也

主靜以立其本愼動以審其幾

人心只是當靜時不存當動時不察所以靜時放逸動時差錯○常主靜物來應之

造化無一息之間人之存心亦當無一息之間

○涵養

一息不可不涵養涵養只在坐作動靜語默之間

心性爲天下之大本必涵養純一寧靜則萬事由此而出者皆天理之公矣

水動蕩不已則不清心動蕩不已則不明故當時時

靜定其心不為動蕩所昏可也

靜能制動沉能制浮寬能制褊緩能制急

心靜不存則放逸動不察則差錯

英氣甚害事渾涵不露圭角最好

第一要有渾厚包涵從容廣大之氣象

宴好之私不形於動靜情欲之感無介於威儀盛德之至也○簡默凝重以持己

促迫褊窄淺率浮躁非有德之氣象

周子曰一者無欲也無欲其至矣

靜坐洗心殊覺快愜○凝定靜密自不外馳

凝定最有力徃時怒覺心動近覺隨怒隨休而心不為之動矣

厚重靜定寛緩進德之基○欲深欲厚欲莊欲簡

涵養深則怒巳即休而心不為之動矣

人心貴乎光明潔淨

澤藏珠而川媚石藴玉而山輝有本之謂也莊子曰聖人貴精此之謂與

珠藏澤自媚玉藴山含輝此涵養之至要

須要有包含則有餘意發露大盡則難繼

蕩滌胷中無一毫之私累可以言大矣

紛華擾擾浮雲之過目耳

○省察

省察之功不可一時而或怠詩曰夙夜匪懈其斯之謂與

人之念慮不正者有二有妄念有惡念如思慮不可必得之事妄念也思慮悖理遠道之事惡念也凡此二者心纔知覺即遏絶之必使念念皆出乎仁義理知惻隱羞惡辭讓是非性情之正則不正之念自消而思慮皆天理矣此實日用省察之切要不可毫髮間斷也

妄念忽然而起然即覺其妄但不能絕於再起此所以為難矣

一毫省察之不至即處事失宜而悔吝隨之不可不慎○斯須省察不至則妄念發

余每呼此心曰主人翁在室否至夕必自省曰一日所為之事合理否

中夜因思天賦我惟一性苟不能全是逆天也可不懼哉

事親奉祭未盡孝為臣奉職未盡敬宗族睦戚未盡和交友接人未盡忠讀書行已未盡誠此吾自少

至老恒念有未盡也

余每夜就枕必思一日所行之事所行合理則恬然安寢或有不合即展轉不能寐思有以更其失又慮始勤終怠也因筆録以自警

讀書至聖賢言不善處則必自省曰吾得無有此不善乎有不善則速改之毋使一毫與聖賢所言之不善有相似焉至聖賢言善處則必自省曰吾得無未有此善乎於善則速為之必使事事與聖賢所言之善相同焉如此則讀書不為空言惡日消而善日積矣

目欲視即當思其邪與正耳欲聽即當思其是與非口欲言即當思其可與否正焉是焉可焉則視之聽之言之邪焉非焉否焉則勿以止之此之謂三要

古人功名不立有憂老之将至者吾於道德無成亦憂老之将至誠心如此

天地之間時時處處皆是道之流行人之道即天之道故當隨時隨處省察不可有毫髮之間斷也

工夫切要在夙夜飲食男女衣服動靜語默應事接物之間於此事事皆合天則則道不外是矣

朱子遣子從學欲其一變舊習而歸曰念之念之無忝爾所生吾來湖南三年矣比歸有進庶無忝爾所生乎

吾比歸得如非復吳下阿蒙則庶有進乎若與初來時無異恐有愧於故舊也

不善之端豈待應物而後見邪如靜中一念之刻即非仁一念之貪即非義一念之慢即非禮一念之詐即非智此君子貴乎慎獨也

人於實之一字當念念不忘隨事隨處省察於言動居處應事接物之間必使一念一事皆出於實斯

有進德之地

聖賢千言萬語皆說人身心上事誠能因其言以反求諸身心猛省而擺脫盡私累則身心皆天理而大可知矣

德性之學須要時時刻刻提撕警省則天理常存而人欲消熄苟有一息之間則人欲長而天理微矣

未應事時常持守此心勿失應事時省察此心勿差既應事了還持守此心勿失

事事不放過而皆欲合理則積久而業廣矣

偶一事發不中節終夕不快

當悔者既不可追但不可再萌可悔之事耳

有悔思有以補其過則無悔矣

既往之非不可追將來之非不可作此吾之自省也

嘗默念爲此七尺之軀費却聖賢多少言語於此而尚不能修其身可謂自賊之甚矣

意纔有向便失其正不可不察

一念之差心即放纔覺其差而心即正

人心一息之頃不在天理便在人欲未有不在天理人欲而中立者也

日夜省察身心思慮動作之過惡改之體認身心性

情固有之天理存之改過存善晝夜循環用功庶幾惡去而善存

德行道藝皆不如古人豈可不自勉

為人不能盡人道為官不能盡官道是吾所憂也

已與人物本同一理一氣而或不能公好惡於天下者蔽於有已之私也

用工夫未至純熟此吾之自省之不及也

吾奮然欲造其極而未能者其病安在得非舊習有未盡去乎

宴安鴆毒此言當深省

勢不内重外輕則内輕外重權其輕重使不至於一

偏則無患矣

謹防外好以奪志斯須照管不至則外好有潛勾竊

引之私不可不察

人欲如寇敵專以窺吾之虚實斯須防閑不密則彼

乘間而入矣

常使有已則不隨俗而變

薛文清公讀書全錄類編卷之十五終

薛文清公讀書全録類編卷之十六

○體認

體認之法須於身心之所存所發者要識其孰爲中孰爲和孰爲性孰爲情孰爲道孰爲德孰爲仁孰爲義孰爲禮孰爲智孰爲誠又當知如何爲主敬如何爲致恭如何爲存養如何爲省察如何爲克已如何爲復禮如何爲戒慎恐懼如何爲致知力行如何爲博文約禮於凡天理之名皆欲識其真於凡用功之要皆欲爲其事如此則見道明體道力而無行不著習不察之弊矣

先儒曰在物爲理處物爲義如君之仁臣之敬父之慈子之孝之類皆在物之理也於此處之各得其宜乃處物之義也

讀書當着實體認如讀中庸首章天命之謂性便當求天命之性的在何處讀大學首章明德新民止於至善便當求三者的爲何事如此則道理躍如皆在心目之間自不爲文字言語所纏繞矣

體認未至終未能與道合一

須要實見得天理發見流行與妙道精義之實處一一體認得分明乃可見道

元亨利貞之流行即天理之流行無一息之間斷無一毫之欠缺所謂天理流行隨處充滿可以心悟不可以目覩也

太極之有動靜是天命之流行也天命之流行即天理之流行也

凡看聖賢書皆當以仁義禮智信五者細細體會旁通之久則彼此互相發明可以見天下道理之名雖多而皆不外此五者矣

日用體認仁義禮智之性於所存所發之際最是爲學之切要

讀書之久見得書上之理與自家身上之理一一契合方始有得處

性與天道只在目前默而識之可也

天何言哉吾無隱乎爾與曾點言志之意皆天理流行之妙

張子曰天體物而不遺猶仁體事而無不在也語意與鬼神體物不遺之體同

程子曰視聽思慮動作皆天也人但於其中要識其真與妄耳竊謂學者日用工夫無有切於此者宜深體力行之

今早讀書得一性字

學要識總會處即性是也天下萬理一性字包括之

深矣哉

大本大原無所見淺矣

大本大原直是不可得而形容上天之載無聲無臭

至矣

論性曰學問大本大原知此則天下之理可明矣

燈下因觀八卦太極圖曰此浩然之氣也

學貫天人於太極圖見之

感應之理於太極圖陰陽互根見之

◎

細思人與天地本無二理無私貫之

天地陰陽古今萬物始終生死之理太極圖盡之

泛觀天理萬物之有形者何往而非是道之所寓程子所謂顯微無間當默會之

知正之所在而固守之弗去爲智如知父子之仁君臣之義長幼之禮之類固守而弗去則爲智矣

在在處處時時刻刻事事物物皆道也須要識得

理無形只是事物所當然所以然者

萬化常然者理自如此

偶見日影之移與川流之意同

默識性與天道内外合一無處不有無時不然

涵養須用敬存此性耳進學則在致知明此性耳

中夜思千古聖人之心惟是誠而已

理極難説大抵神妙不測不問遠近幽深大小精粗
無乎不在

理無影就事可默識

朱子曰至精之理於至粗之物上見

性命之理於一草一木見之於天地萬物皆見之

因看曆日曰乾元亨利貞之道皆具於此矣

仁義禮智之性日用無時無處不發見但人自不察

耳

性情之外無道

人能常存仁義禮智之性必體認某事為仁某事為義某事為禮某事為智庶幾久則見道分明

一本萬殊殊與本不可分而為二

地泥城隍墻皆土也孝慈恤愛惻怛皆仁也理一而分殊於此亦可見

五經四書皆聖賢之言也由其言以得其心則在人焉耳

經書形而下之器也其理形而上之道也滞於言詞

之間而不會於言詞之表者章句之徒也
道無聲之可聞無形之可見惟因夫形而下之器默
識夫形而上之理則謂之見道非若天地萬物眞
有形之可見也
人只於身內求道殊不知身外皆道渾合無間初無
內外也
不可將身外地面作虛空看蓋身外無非眞實之理
與身內之理渾合無間也
日用間身心切要道理只是仁義禮智之性發而爲
惻隱羞惡辭讓是非之情隨事隨處必體認得了

了分明方爲見道而無行不著習不察之患矣

天理流行隨處充滿無少欠缺故程子作字時甚敬曰只此是學

中夜思凡聖賢之書所載者皆道理之名也至於天地萬物所具者皆道理之實也書之所謂某道某理猶人之某名某姓也有是人之姓名則必實有是人有是道理之名則必有是道理之實學者當會於言之表

須看無物之先其理如何

理是天地萬物之極至處更復何言

一故神兩故化近觀之人身遠觀之天地無不盡然

理一分殊開眼便見

理雖微妙難知實不外乎天地陰陽五行萬物與夫人倫日用之常善觀理者於此默識焉則其體洞然矣

理非利口辯舌者所能知惟默而成之不言而信存乎德行者識之

只是合當如是便是理

觸目皆物物物識其理所謂眼底無全牛也

一心管萬事理一分殊萬事由一心分殊理一

理直是難説謂無形則須有理謂有理則又無形惟默識之可也

一見得理有下落方爲真見真見明則邪見不能惑

曲折細微理無不貫

直是要求實理實理之名雖在書而實理之理則在理

體用一原顯微無間默而觀之

道只在動静語默之間身外求道遠矣

天理如人天理之名如人之名既識人之名須親

見人之貌方爲眞識其人既知理之名須眞知理之實方爲眞知其理徒知理之名而不知理之實猶徒識人之名而未嘗親見其人之貌又烏爲眞知眞識哉

於聖賢言理處若天理若人心若命性道德誠善忠恕一貫太極之類要當各隨其旨而知所以異又當旁通其義而知所以同也

萬物各得一理之一分而一理之本體依然完具初無絲毫之減損也

理直要心得難以言語形容之

只一理而改頭換面做出無窮物事神矣哉

理一猶一大城子無不包羅其中千門萬户大衢小巷即所謂分殊也理一所以統夫分殊分殊所以分夫理一其實理一而已矣

天下同歸而殊塗一致而百慮一以貫之

須知已與物皆從陰陽造化中來則知天地萬物爲一體矣

顯微無間即事即物而理存

眼底萬物不出水火木金土萬善不出仁義禮知信

舉天地萬物皆至理民鮮知之

萬物自微以至著

萬物定於一萬事定於一萬古定於一

一本萬殊萬殊一本之理開眼便見

元來只一理貫徹天地萬物分之不爲少合之不爲多也

讀書體貼到自己身心上方有味皆實理也聖賢豈欺我哉

實理皆在乎萬物萬事之間聖賢之書不過摸寫其理耳讀書而不知實理之所在徒滯於言辭之末夫何益之有

人讀書果能於聖人之言句句皆體之身心而力行之即是願學亦足以發之意

感自外來應由中出

朱子曰感是事來感我通是自家受他感處之義

萬物一本舉目可見

時中似義字

時中是活法而不死執中是死法而不活

只於坐次便見時中之義坐一也我尊人卑我坐於上人坐於下中也我與人同等相對而坐中也我卑人尊人坐於上我坐於下中也行一也我長人

幼我先人後中也我幼人長我後人先中也至於當語而語語爲中當默而默默爲中中無定體乃所謂時中也

程子曰有主則中虛虛謂心中無物也又曰有主則中實實謂心中有理也

人外無道道外無人見天人之合一也纔有間即非道矣

程子作字甚敬曰只此是學余謂洒掃應對亦然洒掃應對之所以然即精義入神之妙也

天下之理再無加於性分之外者

認得爲己何所不至此言當深翫味體認

伊川曰學者於道不知所向則孰知斯人之爲功不知所至則孰知斯人之稱情此言當深翫

自得之全在因書之辭以得其意得其辭不得其意程子所謂糟粕耳

雖上知不能無人心聖人所謂無欲者非若釋氏盡去根塵但人心之得其正者即道心以其不流於人欲之私所謂無欲也

川流不息之意余於先天圖見之

人之一身五臟耳目口鼻四肢百骸凡有形者皆形

而下之器也其五臟耳目口鼻四肢百骸之理即形而上之道也推之君臣父子夫婦長幼朋友皆形而下之器也其仁義禮智信之理即形而上之道也以至大而天地萬物小而一髮一塵凡可見者皆形而下之器其不可見者皆形而上之道然器即囿乎道之中道不離乎器之外故曰道亦器也器亦道也

天地生物之心流行於四時無一時之間斷

純則誠雜則僞天地聖人之道誠而已

誠譬之精金無銅鐵之雜金有一分銅鐵之雜則不

精德有一毫人偽之雜則不純矣

無一物而外理者

日入而群動息日出而群動作一息一作者其易之謂與

維天之命於穆不已於太極圖見之

人之一動一靜即陰陽之動靜也一動一靜之理即一陰一陽之道人能順動靜自然之理即與陰陽動靜之道相合矣

從心所欲不踰矩先天而天弗違也上律天時後天而奉天時也

凡言性命仁義禮智道德之理皆無形聲之可接惟默而識之可也故曰上達必由心悟命之曰道蓋借人所行實有道路之道以明人所行當然之理耳非真有形如道路之道也

先儒言聞道見道者但心悟其理故借聞見以明之非真有聲之可聞有形之可見也

實嘗用力於顏子之學則能知顏子之所樂不然但得其樂之名而未知其樂之之實也譬之泰山人皆知其高然必親至其處方知其所以高若聽人傳說泰山之高而未嘗親至其處則亦臆想而

已實未見其高之實也

周子曰有至貴至富可愛可求朱子言即周子之教程子每令尋仲尼顔子樂處所樂何事學者當熟思而實體之不可但以言語解會而已愚按朱子之言引而不發竊意天地間至貴至富可愛可求者莫過於天命之性能深知其理而實體之於身則日用動静之間莫非天理之流行而無一毫私欲之雜撓仰不愧俯不怍心廣體胖樂可知矣妄意如此書之以俟來哲

天地之間物各有理理者其中脉絡條理合當是如

此者是也大而天之所以健而不息地之所以順而有常皆理之合當如此也若天有息而地不寧即非天地合當之理矣以萬物觀之如花木之生春夏秋冬之各有其時青黃赤白之各有其色萬古常然不易此花木合當之理也若春夏者發於秋冬秋冬者發於春夏青黃者變爲赤白赤白者變爲青黃即非花木合當之理矣以至昆蟲鳥獸莫不各有合當之理以人言之自一心之所存以至一身之所具皆有降衷秉彝之性而不可易者乃合當如是之理也不如是則非人之理矣以至

君之仁臣之敬父之慈子之孝夫婦之別皆合當
如是之理也凡此一有不盡則非人倫合當之理
矣此理之所以無物不有無時不然語大天下莫
能載語小天下莫能破也
天地日月山川星辰萬物皆可見也而其所以爲是
則不可見也以不可見者語人孰信哉盖必心得
而後信也心得非他必自近始近莫近於吾身吾
身百體皆可見也其所以爲是百體之宜則不可
見也可見而無不可見者爲之主則百體皆失其
職矣舉近以明遠則天地山川日月星辰萬物之

理一也

一理一切穿透又不黏滯其妙不可言

人之精神即陰精陽氣聚而爲物者故與天地之氣流通而無間

讀書記得一句便尋一句之理務要見得下落方有益先儒謂讀書只怕尋思近看得尋思二字最好如聖賢一句言語便反覆尋思在吾身心上何者爲是在萬物上何者爲是使聖賢言語皆有着落則知一言一語皆是實理而非空言矣

理不外乎氣惟心常存則能因氣而識理性理無聲

無臭自非存心體認之久不能默悟其妙也

體用一原顯微無間隨時隨處見之

無物有大於理者天地雖大亦一物耳誠知此理有登泰山而小天下氣象

○體驗

陽明者善也陰濁者惡也人見天氣清明則心意舒暢見天氣陰晦則心意黯慘亦可以驗好善惡惡之一端

嘗念顔子三月不違仁諸子或日一至焉或月一至焉吾自體驗此心一日之間不知幾出幾入也以

是知聖賢之學極難而亦不可不勉

吾於靜時亦頗識是理但動有與靜違者由存養省察之不至也

四時溫燠寒涼之氣人體無不覺者則人與天地同體可知

忠信積久而後效見

私欲盡而惻隱之心見

欲淡則心清心清則理見

爲學不實無可據之地○思量萬事萬理不過一實

順理則心悅豫不順理則心阻戚

順理都無一事

不爲物累覺得身心甚輕

人心無一毫私意便與天地萬物之理相合爲一

天心豫本於吾心豫

知道則自簡

人能心在腔子裏則百事可精

心定氣平而身體之委和舒泰不可言

觀經書所載之道即當求吾身固有之道心常存則因事觸發有開悟處所謂左右逢原者可見心不存則與理相忘雖至近至明之理亦無覺無見也

讀太極圖說句句體貼向身上看自有無窮之味

以太極圖反求之身心動靜之間無一不合

若胸中無物殊覺寬平快樂

五性之用知最先如開眼作事便要見是非豈不是知在先

見枯樹則心不悅見生榮之花木則愛之亦可驗已意與物同也

靜中有無限妙理皆見

作詩作文寫字疲敝精神荒耗志氣而無得於己惟從事於心學則氣完體胖有休休自得之趣惟親

歷者知其味殆難以語人也

養深則發於文詞者沛然矣有德者必有言是也

余覺前二十年之功不如近時切實而有味

細看天之生物只是自然無纖毫作爲之私故人見其易而不見其難人能事事順理而行則亦如天之自然不難矣

思天理則心廣而明思人欲則心狹而暗

大小道理吾心悦而不能言舉此以告人人其信之乎吾其誰告之

毫私不有渾渾乎其深大也融釋與道爲一

順理則泰然行之無所窒礙不順理則鑿矣

理明後見天地萬物截然各安其分

私欲盡而心體無量

虚明廣大氣象到人欲淨盡處自見匪言所能喻也

理明則心定萬事定

心虚有内外合一之氣象

水清則見毫毛心清則見天理

心地乾淨自然寬平

涵養之深疏索之久渙然冰釋怡然理順矣

要見道只在存心存心則觸處與道相值心不存則

雖至近者亦莫識其爲道矣

膽大心小似知崇禮卑知圓行方似和而不流

程子曰修養之引年爲國之祈天永命常人之至於聖賢皆工夫至此則有此效驗信哉斯言也

少欲則心靜心靜則事簡

無適而非道但當隨時隨處識得分明行得切實耳

萬物不能礙天之大萬事不能礙心之虚

靜可以制動

心如水之源源清則流清心正則事正

涵養省察雖是動靜交致其力然必靜中涵養之功

◎

多則動時省察之功易也
所謂欲寡其過而未能者吾老猶體之
造化翕寂專一則發育萬物有力人心寧靜專一則
窮理作事有力
非知周乎萬物者不能辨天下之惑
欲淡則心虛心虛則氣清氣清則理明
公則四通八達私則偏向一隅
道理浩浩無窮惟心足以管之
知止則有定不知止則心不定
理明則心定

愈收斂愈充拓愈細密愈廣大愈深妙愈高明廣大虛明氣象無欲則見之愈日新愈日高

外物即身外之物也其實不足爲身之重輕孔子以不義之富貴爲浮雲信然

當於心意言動上做工夫心必操意必誠言必謹動必慎內外交修之法也

無行可悔則德進矣

內外合一無纖毫之間

守約者爲學之至要

守約則無事矣

守約者心自定

學至於約則有得矣

守約則能泛應

人知天地萬物爲一體則薰然慈良惻怛之心有不覺而發於中者

凡物虛則有神如鼓虛則響鐘虛則鳴心虛則靈

余所見誠有惻然不忍者非強然是所不能已也

心細密則見道心麄則行不著習不察

心大則如天之無物不包心小則如天之無物不入

心一收而萬理咸至至非自外來也盖常在是而心存有以識其妙耳心一放而萬理皆失失非向外馳也盖雖在是而心亡無以察其妙耳

偶食桃梅桃樹接梅枝結實者其生者味酸熟者味苷因思孟子曰夫仁亦在乎熟之而已盖凡爲學爲善皆貴乎熟不獨仁也苟爲不熟焉得其味之美哉

性雖無物不有無時不然然或心有不存則不能體是而與之相違矣故道雖不可離而存養省察之功不可間也

無欲如至清之水秋毫必見有欲如至濁之水雖山

岳之大亦莫能鑑矣
人欲盡而天理見如水至清而寶珠露人欲深而天
理昏如水至濁而寶珠暗此先儒之成説但先儒
以氣禀言某以人欲言
萬事猶可力爲只此理非力所及
理如物心如鏡鏡明則物無遯形心明則理無蔽迹
昏則反是 ○心存則萬理森然
惟心明則映理得見
舉天下之物皆不及道之貴是何也以出於天而充
塞宇宙貫徹古今也知道之大其尊無對則知衆

物之小矣

程子曰求言必自近易於近者非知言者也積累之久涵泳之深當别有所見

專心致志於仁義禮智之道則不雜雜此即雜矣

有本則應之無窮

道無處不在故當無處不謹

心常存即默識道理無物不有無時不然心不存即茫無所識其所識者不過萬物形體而已

不敢有邪心漸近於誠

性命之理散見於聖賢之書天地之間反之吾心至

精至密之地無不可見也
養氣則人之氣與天地之氣同其大盡心則人之性與天地之性同其大
一息之運與古今之運同一塵之上與大地之土同
一夫之心與億兆之心同
一念之妄非誠也一語之妄非誠也一動之妄非誠也必念慮語言動作皆出於無妄斯爲誠矣
自京師至沅六七千里涉越名山大川見萬物生生之盛不以遠邇有異所謂語大天下莫能載語小天下莫能破者當有以默識之

造化無一息之間人之存心亦當無一息之間

無欲則所行自簡

人日用之理性情而已

時時皆道處處皆道事事皆道道不可離如此存養省察之功不可須臾間也

只循理便是行道

省察存養不可毫髮間斷

聖賢之迹固當考而已之所行者又當隨時揆之以理而不必其事之同如禹稷顏回迹雖不同而道則同也

靜坐中覺有雜念者不誠之本也惟聖人之心自然真一虛靜無一毫之雜念

夏葛冬裘饑食渴飲朝作暮息之得其正者皆時中也

雷霆風雨參錯交動於下而太虛之本體自若萬事萬變紛紜膠擾於外而吾心之本體自如

無物不有無時不然此言宜時時深體之

實有向道之心則道必進

知之至信之篤則實有得於己矣

春日和氣薰心有惻然之意

不愧於天不愧於人不愧於心斯近道矣不愧於心

其本乎

自得之爲難自得之則實有諸已矣

心無妄思言無妄言身無妄動安得有差故有差者

皆妄也無妄之義大矣

理只是難言而言亦人未之信

已知如未知已能如未能則有進

有欲非道入道自無欲始

心中無一物其道浩然無涯

爲善須表裏澄徹方是真實爲善有纖毫私意夾雜

其間即非真爲善矣

篤志此道使天下之物不能尚其庶有進乎

一切外物放下緊緊於身心上用力斯得近裏之效矣○雜慮少則漸近道

掃却浮雲而太虚自清徹去蔽障而天理自著

心有開時開時見是理無物不有無時不然塞時則不見矣故爲學要時時提醒此心勿令昏塞

放下一切外物覺得心閑省事○心虚涵萬理萬物萬事各有分各安其分自然無事矣

順理則裕四字用之不盡○少欲覺身輕

薰然慈良惻怛之心與溫然春陽之氣為一

滿天地是生物之心滿腔子是惻隱之心

豁然貫通者性而已○吾得性之善念念不忘

學至於心中無一物則有得矣

公則一私則殊正則大邪則小

循循而不已者其有所至與

耳順則聲入心通目明則物接理見

真是天理民彝不可泯滅

順理心安身亦安矣○心存則因器以識道

非知周萬物者不能辨天下之惑

膽欲大見義勇爲心欲小文理密察智欲圓應物無滯行欲方截然有執○視富貴如浮雲

養之深則發之厚養之淺則發之薄觀諸造化可見窮冬大寒天地閉塞而元氣蓄藏既固至春則發達充盛而不可遏若冬暖元氣漏洩則春亦生物不盛而疫厲作矣

無我則內外合而與天爲一矣

無行可悔最爲難事 ○以下省驗

心本寬大無邊一有己私則不勝其小矣

不以禮制心其欲無涯

心無所止則一日之間四方上下安往而不至哉
學力未能勝舊習正如藥力未能除舊病頃刻學力
不至則舊習仍在一日不服藥則舊病復作學力
勝則無此病矣
程子曰省躬責己不可無亦不可常留在心作悔蓋
常留在心作悔則心體爲所累而不能舒泰也
作聖作狂此心一轉移耳。妄念生不誠之源也
須是盡去舊習從新做起乃有進張子曰濯去舊見
以來新意極有益
宣德五年閏十二月初二日夜余在辰州府分司睡

至五更忽念已德所以不大進者正爲舊習纏繞未能掉脱故爲善而善未純去惡而惡未盡當自今一刮舊習一言一行求合於道否則匪人矣

德不進病在意不誠意誠則德進矣

安於故習則德不新○常存不如人之心則有進

余於坐立方向器用安頓之類稍有不正即不樂必正而後已非作意爲之亦其性然

開卷即有與聖賢不相似處可不勉乎

心存則理見心放則理與我相忘矣

尋思千能百巧都不濟事只無欲是高處

心一操而群邪退聽一放而群邪並興一念不謹即有偷惰之意所謂惟聖罔念作狂者豈虛語哉

人心公則如燭四方上下無所不照私則如燈只有一面光不能徧照也

自思誠不如古人古人處大震懼不少動其心自思誠不如古人遠矣

嘗自念已學安敢望古人之萬一但頗識趨向之正不爲異學所惑耳

道雖未嘗遠人心有斯須不存則人自遠道矣

嘗觀山勢高峻直截即生物不暢茂其勢奔赴溪谷合輳回還者即其中草木暢茂蓋高峻直截者氣散走難畜聚故生物之力薄回還合輳者元氣至此蓄積包藏者多故生物之力厚水亦然灘石峻即水急而魚鱉不留淵潭深則魚鱉之屬聚焉以是而驗之人其峭急淺露者必無所蓄積必不能容物作事則輕易而寡成寬緩深沉者則所蓄必多於物無所不容作事則安重有力而事必成善學者觀於山水之間亦可以進德矣

要當渾厚中有分辨者在乃可○外慕者内不足

萬物各有定分已不得一毫侵預之大而人倫小而言動皆理之當然纔有有爲之心雖所行合理亦是人欲

一爲外物所誘則心無須臾之寧矣

思萬端外事皆無益惟思天理則日進高明

心無須臾閑理欲之幾間不容髮此勝則彼負此負則彼勝

人只是箇心性靜則存動則應明白坦直本無許多勞擾若私意一起則支節横生而紛紜多事矣

心不可斯須離正理身不可斯須離正道

心有毫髮所繫即不得其平

人於動處難得恰好纔動便有差所以發而中節爲難也○心一放即悠悠蕩蕩無所歸着

偶見一伶人於三層卓上頭頂一小童可謂危矣因咲自喻曰此伶此童此際俱無邪心何也以恐懼之心勝也賤技且然君子學道必常存戒懼之心如處至危之地斯無邪心矣苟安於怠惰放肆則無限之邪心竊從而生矣

人只爲耳目口鼻四肢百骸做得不是壞了仁義禮智信若耳目口鼻四肢百骸做得是便是仁義禮

智信之性詩所謂有物有則孟子所謂踐形者是也

動以天爲無妄動以人則妄則人之動皆當循天理

也○只四勿念之豈有差乎

心口如一爲忠信心口不一非忠信也

一念不謹即作狂之端兆一念能謹即作聖之端兆

充其極則堯桀分矣

人心有一息之怠便與天地之化不相似

理只爲氣所蔽隔故不明去其蔽隔則天理明矣

乍存乍亡者是間斷之時多也

程朱之書吾寤寐敬畏之不敢慢也

習於見聞之久則事之雖非者亦莫覺其非矣

太極中無一物外物於吾何有

外物無窮不能以禮制心則逐外物亦無窮

心無所主即動靜皆失其中

潛修不求人知理當如此

克己

程子曰克己最難誠哉斯言也

程子曰人心一有所欲則離道矣此克己所以爲難也○不能克己者志不勝氣也

私意最難去故程子謂克己最爲難事惟嘗用力者

知其難○私無大小覺即克去

余性偏於急且易怒因極力變化氣直是難養余克治用力久矣而忽有暴發者可不勉哉二十年治一怒字尚未消磨得盡以是知克己最難

人只是有己故不能與天地同其大其要惟在克己

念慮一毫雜妄即非仁便當克去

有我之私極難克貴乎明與剛而已

自治之要寧過於剛不可過於柔顏子克己之功非至剛不能

自矜自伐者皆不能克有己之私也
上蔡有一硯極愛之遂屏去此可為克己之法
人之克己或能克於此不能克於彼此是克之有未
　盡也能克其所能以及其所不能則克無不盡矣
自勝者強克己最為難事不可不勉
周子曰果而確克己之功當如是
宴安之私最難克○宴安鴆毒此言當深省
公孫支言夷吾忌克忌猜疑克好勝二者人之大病
　也不可不去
氣質之偏自生來便有此矣若自幼至長歷歷曾用

變化之功則亦無不可變之理若氣質既偏自少至長所習又偏一旦驟欲變其所習非百倍之功不能也○古人佩韋弦亦變化氣質之一法也

一念之非即遏之一動之妄即改之

輕當矯之以重急當矯之以緩褊當矯之以寬躁當矯之以靜暴當矯之以和粗當矯之以細察其偏者而悉矯之久之氣質變矣

氣質之拘最大變化之功極難然亦不可畏其難而不加變化之功也

爲學能使理勝氣則可以變化氣質之性而反天地

之性若氣勝理則不能矣
氣質極難變十分用力猶有變不能盡者然亦不可
以爲難變而遂懈於用力也
古人云自勝者強抑暴猛之氣充方縱之欲皆自勝
之強也彼血氣之勇烏足謂之強哉
夫要當洗滌盡此心之欲有一毫之欲未盡即本體
蔽昧而用失其當矣
欲心一動如火之熾如水之溢非用大壯之力莫能
止其欲
先儒曰慾心一萌便思禮義以勝之即窒慾之要也

虛心無我惟善是從偏執己私而不能從善者由無克己之功也

中夜以思只公之一字乃見克己之效驗

人所以千病萬病只爲有己爲有己故計較萬端惟欲己富惟欲己貴惟欲己安惟欲己樂惟欲己生惟欲己壽而人之貧賤危苦死亡一切不恤由是生意不屬天理滅絕雖曰有人之形其實與禽獸奚以異若能克去有己之病廓然太公富貴貧賤安樂生壽皆與人共之則生意貫徹彼此各得分願而天理之盛有不可得而勝用者也

人心皆有所安有所不安安者義理也不安者人欲也然私意勝而不能自克則以不安者爲安矣

克盡己私爲誠有一毫之私未盡則非誠矣

發奮誠心要做好人一切舊習定須截斷

心每有妄發即以經書聖賢之言制之

淤泥塞流水人欲塞天理去其塞則沛然矣

舊習最害事吾欲進彼則止吾之進吾欲新彼則汩吾之新甚可惡當刮絶之

吾於所爲之失隨即知而改之然未免再萌於心因謂有不善未嘗不知知之未嘗復行難

爲人須微徹表徹裏一般人

日間時時刻刻緊緊於自己身心上存察用力不可

一毫懈怠

萬起萬滅之私亂吾心久矣今當悉皆掃去以全吾

湛然之性

薛文清公讀書全録類編卷之十七

○慎言

謹言是爲學第一工夫能謹言則句句是實理不能謹言則句句是虛談（言是實理則能實其行矣言是虛談則必不能踐其行矣）

易有修辭立誠之訓書有惟口出好興戎之訓春秋有食言之譏禮有安定辭之訓銅人有三緘之誡論語孟子與凡聖賢之書謹言之訓尤多以是知謹言乃修德之切要所當服膺其訓而勿失也

温公謂誠自不妄語始信哉斯言也

知道則言自簡是何也以非道不敢言也

句句着實不脫空方是謹言

信口亂談者無操存省察之功也

多言最使人心志流蕩而氣亦損少言不惟養得德深又養得氣完而夢寐亦安

嘗乘快不覺多言至夜枕席不安盖神氣為多言所損也此雖近於修養之説然養德亦自謹言始

德進則言自簡○輕言則納侮

言所以述理不述理之言其可尚乎

發言須句句有着落方好人於忙處言或妄發所以有悔惟心定則言必當理而無妄發之失矣

易曰庸言必信庸常之言人以為不緊要輕發而不慎殊不知一言之妄即言之失故庸言必信德之盛也凡事必有徵驗之實乃可言不然即妄言者多也○少言沉默最妙

輕諾則寡信易曰修辭立其誠故慎言乃進修之要

謹言最是難事只與人相接輕發一言而人不從便失言不可不謹

信口亂談妄道真猶病風狂而不自覺也

文言曰修辭以立其誠為學不能立誠皆不能謹言也能謹言斯能立誠謹言之功大矣

一言妄發即有悔可不慎哉

與人言宜和氣從容氣忿則不平色厲則取怨

無妄語入誠之門深宜體此

未同而言古人所深耻○常默可以見道

因喜而多言覺氣流而志亦為動

言出乎已可警乎已○寡汝言和汝氣

常默最妙已心既存而人自生敬

言不謹者心不存也心存則言謹矣

謹言乃為學第一工夫言不謹而能存心者鮮矣

輕言戲謔最害事蓋言不妄發則言出而人信之苟

輕言戲謔後雖有誠實之言人亦弗之信矣

聽人之言而隨和之而不知其言之是非得失此修已第一失也

知道則言自簡是何也以非道不敢言也

纔欲修辭以立誠則言自簡是何也以可言者少也

凡與人言即當思其事之可否可則諾不可則無諾若不思可否而輕諾之事或不可行則必不能踐厥言矣有子曰信近於義言可復也意蓋如此

誠意乎於未言之前則言出而人信之

輕言則人厭故謹言為自修之要

必使一言不妄發則庶乎寡過矣○言貴乎時

論閑事閑言語多論義理精切之言語少欲其有得也難矣○時然後言惟有德者能之

切不可聽人之言而隨和之故聽不外馳即無知誘物化之失

人不謀諸己而強為之謀彼即不從是謂失言日用間此等最多人以為細事而不謹殊不知失言之責無小大也謹之

忠信積久可孚於人不然則言出而人弗信矣

人不能受言者不可妄與一言

群居不可泛言雜駁不近正理之事謹之
早間又多問人一事爲失言
戲言無實最害道易曰修辭以立其誠必須無一言
之妄發斯可學道苟信口亂談而資笑謔其違道遠
矣笑謔不惟亂氣而且亂心言謹則氣定心一言
要專一心要專一
事往之非者不可拈起說
學者舊習語言出於鄙俚者皆當絶去必使一言無
不正所謂修詞立誠也
元城劉忠定公力行不妄語三字至於七年而後成

力行之難如此而亦不可不勉也

雜言多最害正理以其與道相忘也

不雜亂多言而心自存心存而於道其庶乎

與人居官者言當使有益於其身有惠及於人

不力行只是學人說話○慎言其餘深有味

修詞以立誠則言不妄發

孔子曰庸言之信庸行之謹以是知言行之至小者皆當謹信而不可忽今人日用言行將謂小事都不謹信此德業所以不廣崇也

慎言謹行是修己第一事

行浮於言行七八分言二三分
不言而自能行出則人心服

○慎動

人纔動即有差故君子慎動

慎動當先慎其幾於心次當慎言慎行慎作事皆慎
動也

看來學者不止應事處有差只小小言動之間差者
多矣

行其無事則順理矣順理則心安而體適

人纔動便有差只是妄動不妄動則不差矣

事來只順應之不可無故而先生事端

左傳曰思其終也思其復也思其反也蓋人能每事即始而慮終則必無悔吝之及矣

聖人見幾明决未有至於事幾之難處者

事貴審處古人謂天下甚事不因忙後錯了真名言也○易簡處事自無勞擾

主一則作事不差纔二三則動作小事亦差矣況大事乎

嘗見人尋常事處置得宜者數數爲人言之陋亦甚矣古人功滿天地德冠人群視之若無者分定故也

應事差錯由心不專一○心靜能處事

暗於事幾而妄為取咎之道也

事合義雖大不懼不合義雖小當謹

凡事皆能謹於幾微則不至於差之大矣

處事不可令人喜亦不可令人怒

凡事皆當謹始慮終○處事詳審安重

當事務叢雜之中吾心當自有所主不可因彼之擾擾而遷易也

處事在已者只當務實若能動人否則在彼耳我何容心其間哉

沉靜詳密者能立事浮躁忽畧者反此

觀太極圖得一静字為處事之本

不觀諸陰陽乎其化皆以漸而不驟人之處事如是則鮮失矣

作事只是心安而已然須理明則知其可安者安之理有未明則以不當安者為安矣

一語一默一坐一行事無大小皆不可苟處之必盡其方

事未至先無一物在心則事至應之不錯若事未至先有三端兩緒在心則先自撓雜矣應事安得不

錯乎○細思處事最難

作事快心必慎其悔蓋消息循環自然之理持之有道則雖亢而非滿矣

處事當沉重詳細堅正不可輕浮忽畧故易多言利艱貞蓋艱貞則不敢輕忽而必以正所以吉也

因讀伊川事狀不覺懼生於心因知天下之事最難處

見事貴乎理明處事貴乎心公理不明則不能辨別是非心不公則不能裁度可否惟理明心公則於事無所疑惑而處得其當矣

庖丁解牛只是順理人處事能順理即如庖丁無全

牛矣○事貴斷制擻脫

天地萬事萬物各有自然之條理人之處事惟順其條理而行斯無難處之事矣

不能深識事幾妄爲而中實亦可恥也

人多於快意之事忘却道

深以刻薄爲戒每事當從忠厚

當沉靜則含蓄義理深而應事有力

日用間纖毫事皆當省察謹慎

勿以小事而忽之大小必求合義

處大事不宜大厲聲色付之當然可也

◎

應事纔應即休不可須臾留滯為心累

見理明則遇事迎刃而解

常提省此心勿令昏散妄馳則處事少錯矣

近看得處事有二法知以別可否義以決取舍斯無過舉矣○處事便當揆之以義

安往而非事安往而非道人惟當即所遇以為其事則道無不安矣苟不能安於所遇在此念彼則不能以道自處審矣

處事識為先斷次之○事已往不追最妙

欲事之合理誠難但細微處一一能謹或少過舉矣

分外之事一毫不可與

易以中正為吉故處事貴乎中正

處事不可使人知恩

凡作事謹其始乃所以慮其終所謂永終知弊是也不能謹始慮終乘快作事後或難收拾則必有悔矣○事纔入手便當思其發脫

明理所以處事徒明其理而不能處事則所明之理為無用矣

處大事貴乎明而能斷不明固無以知事之當斷然明而不能斷亦不免於後艱矣

作事切須謹慎仔細最不可怠忽踈畧先儒謂前輩作事多周詳後輩作事多闊畧余覺有闊畧之失宜謹之

理不外事惟於事上求其理理既明即以此理處此事斯得其當矣

應事接物惟在時中

處事最要妥貼周詳即無瑕隙之可議

事少有處置不得其宜心即不快必皆得宜心乃快然而足

應事最當知幾◎見理熟則處事易

處事最當熟思緩處熟思則得其情緩處則得其當

處事當詳審安重為之以艱難斷之以果決事了即當若無事者不可以處得其當而有自得之心若然則反為所累矣

不度事勢之可否故妄作

事最不可輕忽雖至微至易者皆當以慎重處之只循理凡事無不順序

議論是非易行事合理難

所謂理者萬事萬物之自然脉絡條理也循其脉絡條理而行本無難事惟不知順理妄行所以崎嶇

險阻不勝其難也
見理明則處事熟如庖丁解牛矣
事來不問大小即當揆之以義
應事既已理依舊在此元不隨去
大事小事即平平處之便不至於駭人視聽矣
萬物本諸天萬事本諸心○處事大宜心平氣和
只順理而行都無一事之勞擾
處事了不形之於言尤妙
人當自信定見明自信篤可以處大事
衆曰然而有不然者衆曰不然而有然者惟理明者

能知之○論事當永終知敝

學者大患在行不著習不察故事理不能合一處事即求合理則行著習察矣

事事物物皆有理就事物上明得理透徹斯可處事物各得其當矣

有於一事心或不快遂於別事處置失宜此不敬之過也

雖微細事不可苟皆當處置合宜

安重深沉者能處大事輕浮淺率者不能

天下之事緩則得忙則失先賢謂天下甚事不因忙

後錯了此言當熟思○事無大小即求合理

不可因喜而蹉過當爲之事

萬事差錯只是是非顛倒

心不錯則諸事不錯矣

論事不可趨一時之輕重當思其久而遠者

處事即求是處格物致知之一端

心術不正即事事不正

雖細事亦當以難處之不可忽况大事乎

知行

知行雖是兩事然行是行其所知之理亦一也

朱子曰知者心之神明所以妙衆理而應萬事也故知不昧斯能妙衆理而應萬事日用之間知最為切要或茫不知理之所在而應事不差者鮮矣

但明其理而不求諸事則所明之理虛而無用但求諸事而不明其理則所求之理未必皆出於理之正必明其理而求諸事求諸事而明其理俾理在於事皆有的實事合乎理而不違庶斯理明事當而知行兩得矣

非明則動無所之非動則明無所用知行不可偏廢也○篤志力行而不知道終是淺

知理而行者如白晝見路分明而行自無差錯不知理而行者如昏夜無所見而冥行雖或偶有與路適會者終未免有差也

致知力行惟在於實一有不實則不能造其極矣

見得理明須一一踐履過則事與理相安而皆有着落處若見理雖明而不一一踐履過則理與事不相資終無可依據之地曾點所以流於狂也

雖明盡五經四書之理而反諸身不誠猶未有得也

前人談道理浩博無窮至於心則無實得處故其行事與所談者無一句相合即程子譏韓持國如

談禪者是也

知到至處人或可及行到至處人鮮能及也

不知道即不知所行之是非

理明心正即所見所行皆出於正

順理而行則直而易逆理而行則曲而難

識最先作事次之○不明善而行者冥行也

○自反

自修爲要

不可有一毫責人之心張子曰無天下國家皆非之理此言當深體

張子曰當知天下國家無皆非之理蓋人能仁必實仁自足以得親義必實義自足以得君禮必實禮自足以事長知必實知自足以治人信必實信自足以得友如是而不得者命也亦何責人之有若在已者皆不能盡一有不得即懷責人之心是豈君子之道哉故學至於不責人則其學進矣

中庸所求乎子以事父未能之類大抵人之責人常重自責常輕故當以責人者責已

誠不能動人當責諸已○不能感人皆誠之未至

遇橫逆之來當思古人所處有甚於此者則知自寬矣

行有不得於外皆當反求諸己求諸己者無不盡善

而猶或有不得者當安於命而已

積誠而人不感者未之有也

行有不得反之於己使行之是則得不得有命已何與焉使行之非亟當改之不可執其非以求勝於人也○閩外議只當自修自省

或曰人有慢己者何以處之曰使己有可慢之事則彼得矣己無可慢之事則彼失矣失得在彼己何與焉此先儒之論重書以爲警

行有不得者皆當反求之己不可有怨天尤人之意

實當修其在己名無恤其在外
己未善人譽之不足喜己有善人毀之不足怒
靜思善皆己分之當為初於人一毫無與若纔為善
即有求名之心乃人欲而非天理矣
在外者皆不可必在己者皆所當求
汲汲自修不及何暇責人不自修而責人舍其田而
耘人之田也
許魯齋曰責己者可以成人之善責人者適以長己
之惡
自修則人不得以非禮相加所謂不惡而嚴也

不責人即心無凝冰焦火之累

日省己過之不暇何暇責人之過

交人而人不敬信者只當反求諸己

○自信

人之自立當斷於心若實見得是當決意爲之不可因人言以前却而易其守若實見得雖生死猶不可易況取舍之間乎只令在己者處得是何恤浮言

人譽之使無可譽之實不可爲之加喜人毀之使無可毀之實不可爲之加戚惟篤於自信而已

所見既明當自信不可因人所說如何而易吾之自信不為人之非咲而易其所守

楊子曰後世有如楊子雲者必好之矣某之自信亦然

人能自信則富貴貧賤窮通有不能累矣

○自樂

孔子自得之樂深故視不義之富貴輕也

雖富累千金而心為物役寒氷焦火猶不樂也顏子雖簞瓢陋巷之窶而舉天下之物不足以動其中俯仰無愧胷次灑然樂可知矣

孔顔之樂其全盡天理者與
周子顔子章不言富貴為何事其下師友章言天地
間至尊者道至貴者德道德即天命之性也恐孔
顔之樂亦不過全天命之性而已
程子所謂廓然而大公物來而順應正周子胸中灑
落如光風霽月之氣象
嘗驗之天下之人雖至富者求無不遂欲無不得自
他人觀之不啻足矣自其心察之彼方愈富愈不
足計較得失之私日夜汲汲無須臾寧息是曷嘗
有泰然之樂耶

程子曰人能克己則仰不愧俯不怍心廣體胖其樂可知竊意顏子之樂亦如此

聖人天理爛熟自無不樂

仁義禮智天理也樂天即循天理而樂也

心無愧怍則廣大寬平而體常舒泰其樂可知矣

用力於詞章之學者其心荒而勞用力於性情之學者其心泰然而樂

隨處有天理順天理皆可樂也

人自得者深則不慕乎外矣

人有以自樂則窮通為一

安於義命即泰然矣

酒色之類使人志氣昏酣荒耗傷生敗德莫此爲甚俗以爲樂余不知果何樂也惟心清慾寡則氣平體胖樂可知矣

有所自樂則不爲外物所移

薛子宴坐水亭忽鬱然而雲興滃然而雨集泠然而風生鏘然而虫急羽者飛秀者植童者侍鱗者適群物雜然而聲其聲色其色薛子窈然深思獨得其所以爲是聲與色者而中心悅

○安命

人真實有命不可以僥倖易其守
人之出處當安於義命不安於義命妄也
莫之為莫之致皆當謹其在巳者
修德行義之外當一聽於天若計較利達日夜思慮萬端而所思慮者又未必遂徒自勞擾秪見其不知命也
遲速不尤人只歸之天
孔子曰死生有命富貴在天是皆一定之理君子知之故行義以俟命小人不知故行險以僥倖
人能知天地萬物各有截然之分則心自定矣

世人信占卜小術以為已有富貴之命一切不修人
事恣縱妄為偃然僥倖所獲蓋有不遂所欲而反
罹咎者多矣命其果可恃乎惟君子則不然凡百
恐懼修省惟義是守而貧賤富貴一聽於自然命
蓋有所不計也
星命家最悞人君子得吉卜固若常事而不廢其修
省之功小人得吉卜則曰吾命素定矣雖為不義
之事可無傷也恃此而取敗者多矣
君子惟義自守命有所不恤也
命雖在天而制命實在已有人於此以星命家言之

謂其有永年之壽矣然入水即溺入火即焦所謂永年者不可恃也不入水火即不焦溺豈非命雖在天而制命在巳乎

又如人素羸瘠乃能兢兢業業凡酒色傷生之事皆不敢為則其壽固可延永矣又如素強壯乃恃其強恣意傷生之事則其禍可立待也此又豈非命雖在天而制命在巳歟

只循理而餘悉聽之天

不怨天不尤人此語當自勉

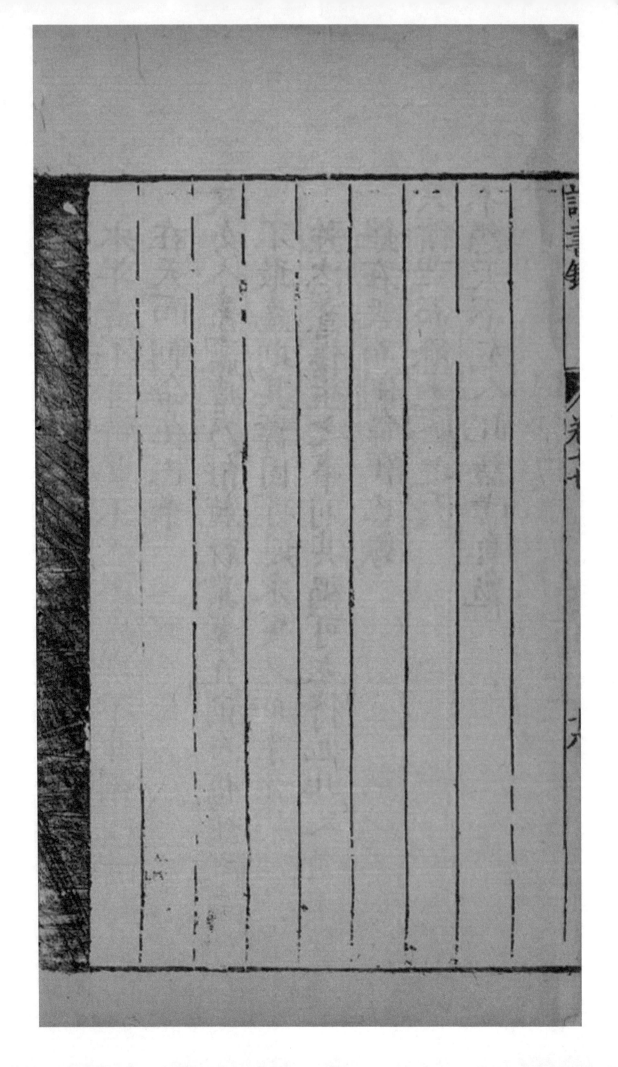

薛文清公讀書全録類編卷之十八

○綱常

論萬事皆當以三綱五常爲本

天地間至大者莫過於三綱五常之道帝王之爲治聖賢之爲學皆不外乎是

三綱五常立國之本循之則治違之則忽

三綱五常爲萬事之本綱常立而萬事舉唐虞三代治天下之道不外乎此

學者之所講明踐履仕者之所表倡推明皆當以三綱五常爲本舍此則學非所學仕非所仕矣

三綱五常之道根於天命而具於人心歷萬世如一日循之則爲順天理而治悖之則爲逆天理而亂自堯舜三代歷漢唐以至宋上下數千年蓋可考其迹而驗其實也

三綱五常之理萬古猶一日非實理則月易而歲不同矣

三綱五常之道日用而不可須臾舍猶布帛菽粟不可一日而無也舍此他求則非所以爲道矣

三綱五常禮樂之本萬事之原

◎禮樂

人倫明則禮樂興禮只是序樂只是和如君臣父子兄弟夫婦朋友各得其分而不相侵越所謂序也序則禮立矣君仁臣敬父慈子孝兄友弟恭夫義婦聽朋友有信所謂和也和則樂生焉是則人倫禮樂之本人倫不序不和則禮樂何自而興哉

人有斯須之不敬則怠慢之心生而非禮矣有斯須之不和則乖戾之心生而非樂矣故曰禮樂不可斯須去身

斯須無序即非禮斯須不和即非樂然不和由於無

序是知禮又樂之本也如數人在坐尊卑貴賤各
得其序自無爭爭失序則爭矣以是知禮先而樂
後
度數所以辨人倫自然之序聲音所以發人倫自然
之和無序不和禮云禮云度數云乎哉樂云樂云
聲音云乎哉
古之樂正人心後之樂蕩人心
古稱唐太宗語及禮樂房杜有愧論者因謂房杜無
制作之才余謂非特房杜有愧蓋太宗有愧也上
有虞舜之德則天叙天秩明而上下和由是伯夷

后夔得以推其序與和形之度數播之聲音而爲禮樂太宗之德果如有虞之盛乎天敘天秩果明而上下和乎不然雖使伯夷后夔生於其時亦無如禮樂何矣是天不得爲務杜病也

禮樂只在進反之間益進而盈溢樂也以反爲文退而收斂禮也以進爲文

禮樂至於棄本尚末乃周衰之弊況末猶不得其正乎噫弊也久矣

律呂律法也述也呂助也助陽以宣氣也繞天地萬物一氣之變化

周子論樂至矣○程子論禮書至矣

朱子論宗廟之制宜爲法

治家

男女之欲天下之至情聖人能通其情故家道正而人倫明○愛流而爲淫溺仁之過也

係戀之私恩畜臣妾吉此待小人女子之道也

婦人女子之言不可聽余見仕宦之人多有以是取敗者不可不以爲戒

僮僕姑取其給使令之役耳切不可聽其言恐大有害於事

便辟側媚小童最能順人志意使人不覺傾向幾至心不能持自非明理剛持有守之君子鮮不爲所移者以是知古人比頑童之訓其慮深矣

陶淵明曰此亦人子也可善遇之

○交友

程子曰始比不以道隙於終者多矣故結交貴乎謹始

朱子曰觀其始合之不正知終之有敝蓋人之相交始合不以正欲其無隙於終者難矣故交在謹始以勢利交者安得不終離

人之邪正必謹於所習習與正人居則正習與不正

人居則不正此前賢之至論萬世之明戒

韓文公交友忠而不乏於退面可以爲百世之師矣

不相知者雖終日同處亦不知也

友正直者日益友邪柔者日損

導友善不納則當止宜體此言

不以利交則無咎

○接人

聖人接人惟一誠

處己事上接下皆當以誠敬爲主

待人當寬而有莭

恭而不近於諛和而不至於流事上處衆之道

常人見貴人則加敬見敵者則敬稍衰於下人則慢之而已聖人於上下人已之間皆一誠敬之心

接物大宜含弘如行曠野而有展步之地不然大狹而無以自容矣

待人極當忠而不可欺人我一致欺人乃所以自欺也○行有不淂反求諸己乃接物之要

覺人詐而不形於言有餘味

處人之難處者正不必厲聲色與之辯是非較長短

惟謹於自脩愈謙愈約彼將自服不服者妄人也

又何校焉

先儒曰他山之石可以攻玉與小人處則動心忍性

增脩豫防而德乃進

於人無憎惡之私惟公好惡而行之

和而敬敬而和處衆之道

不可因人曲爲承順而遂與之合惟以義相接則可

以與之合

人有不及者不可以己能病之

自敬則人敬之自慢則人慢之

防小人密於自脩○謙以自牧安徃而不善

自脩篤敬所以遠小人不惡而嚴

寧人負我毋我負人此言當留心

人未巳知不可急求其知人未巳合不可急與之合

人以說而動未有不失其正者

未合者不可強言以鉤之若然則近於諂

心誠色温氣和辭婉必能動人

虛心接人則於人無忤自滿者反是

處鄉黨尤宜謹其所爲道無不在故也

接人皆當以誠意

◎

於人之微賤皆當以誠敬待之不可忽慢

處鄉人皆當敬而愛之雖三尺童子亦當以誠心愛之不可侮慢也

一失人則人皆莫之與孤立而無助矣

無妄主於人庶幾不失所守

○教人

孔子教人不語以未至者

聖人只教人求仁蓋人之性雖有四而仁無不統能求仁而克盡己私復還天理則四者之性無不全而天下之萬善豈復有加於此哉

聖人教人以正容謹節即是持敬之道如告仲弓出門如見大賓使民如承大祭之類可見

觀孔門諸弟子之言從容和毅皆彷彿夫子之氣象乃聖教涵煦而然也

一部論語聖人所以教人者率多孝弟忠信仁義之道至於性天道僅見於子貢之語而夫子之語則終未之及也後之學者開口即論性天道之微竟不知實於此理為何如

孔子多教人學詩觀中庸大學引詩居多則其有得於詩者深矣

聖賢教人皆略啟其端使學者深思而自得之如夫子所謂不憤不啟不悱不發孟子所謂引而不發躍如也程子曰易傳只說得七八分待人自去體究朱子釋顔樂章曰今亦不敢妄爲之説如此之類甚多聖賢之心非不欲一言而使學者盡得其義其實道體深妙有非一言所能盡者而言之輕適足以使聽者之易彼必不能深思而自得也故必畧啟其端使彼深思而自得之則守之固而不忘矣後之人有於聖賢引而不發者極論其底藴使學者一見之頃即謂吾已盡領其妙而不復致

思其實不能真得於心而徒增口語之講耳以是知聖賢立教為慮甚遠而有益於學者甚大

孔子教人說下學處極多說上達處極少至宋諸老先生多將本源發以示人亦時不得不然耳

聖人雖教人不倦亦未嘗輕以大本大原語人觀論語問答處可見

孔子教人多就事上用功鮮有指出本原者至孟子則指出本原矣

聖賢立教明白懇切直欲天下萬世之人皆入於聖賢之域

看聖門教法只是有序無序便差

曾子所傳無弊只是教人有序大學可見

論理而不及事末流爲虛無之弊聖人多教人以下學人事

古者詩書禮樂多就事上教人而窮理亦就物上窮究故所學精粗本末兼該而無弊後世或論理太高學者踐履未盡粗近而議論已極精深故未免有弊也

千古聖賢教人之法只欲人復其性而已聖賢千言萬語雖有精粗本末不同皆說從性上來學者默

識而旁通之

聖人教人只是文行忠信未嘗極論高遠

教人言理大高使人無可依據聖人未嘗輕以理之

本原語人也

聖人教人百行萬善性以貫之

至言非常人所能知○古之聖人不語人以未及

聖人之所以教賢者之所以學性而已

不可強語人以不及非惟不能入彼將易吾言矣

鑿竅孔也枘刻木端所以入鑿也不量其鑿而納枘其能入乎

語人以所及者當語人以所不及者妄

敎不以道則非教學不以道則非學
由経以求道由辭以得意程子敎人切要之言
敎人之法至程朱而復明
敎人不以小學大學爲學不由小學大學皆非教非學也
恒人不可與言上正猶徐無鬼忒侯之對也
朱子答學者之問多告之以性與天道之妙乃聖賢接引後學不得已之盛心也必若待中人以上之資始告之以此則可告者亦少矣是則孔子所言者敎人之正也朱子之接引後學者權也

俗儒不知教人之本或為講語之類使學者誦習全文為説書應答之用其壞人才也甚矣

師以文章為教弟子以文章為學何以入聖人之道

○舉業

聖賢之書垂訓萬世本欲闡明天理使人反求諸身心而得其實自朱子没士子誦習其説者率多以為出身干祿之階梯而不知反已以求其實聖賢垂訓之意果安在乎

朱子註四書明聖賢之道正欲學者務為己之學後世皆藉此以為進身之階梯夫豈朱子註書之初

意哉

學擧業者讀諸般經書只安排作時文材料用於己全無干涉故其一時所資以進身者皆古人之糟粕終身所得以行事者皆生来之氣習誠所謂書自書我自我與不學者何以異

習擧業者借經書之文以徼利達而不知一言之可用誠所謂侮聖人之言也

科目進身者有一第之後四書本經悉置而不觀則身心事業從可知矣

科擧之文盛而理明者間有之因而晦者尤多矣

近世儒者割裂經史子集百家之說區別門類綴集成書務欵包括古今問目以為決科之利使後學轉相剽竊但資僥倖利達而無以資身心之用其弊也甚矣

爲科目而著書者皆非為己之學也聖賢專以為己之學教人而猶有為人者況以科舉為人之學教人乎

道之不明科舉之學害之也

卷十八終

薛文清公讀書全録類編卷之十九

○論治

堯舜之治不可及已君德盛氣化盛也

治亂之原皆原於敬怠故唐虞君臣懇懇言敬而不已三代聖人亦然

書曰敬者最务敬乃治天下之本孔子曰脩己以敬中庸曰篤恭而天下平皆此意也

帝王治道治法皆實德實事豈後世無本智力之所及

聖人之治天下仁心仁政本末具舉

聖人于民之心無時而怠
程子有曰帝王以道治天下者蓋自天德推之王道
也其曰後世只是以智力把持天下者則無天德
以行王道但用智力之私以防制之耳
二帝三王治天下純是天理之公無一毫人欲之私
漢唐歷代治天下純是人欲之私帶些子天理於
其間
帝王之治天下德為本政為具刑以輔之書詩稱堯
曰克明俊德舜曰玄德禹曰祗德湯曰懋德一德
文王純一不已武王惟皇之極此皆以德言也德

者天所賦人所受之正理帝王推此理以化天下又建制立政以匡正之如此不從者乃有刑以治之爲治本末先後具舉有序此所以天下無不化之民後世本有未盡而專恃刑政之末所以治不古若也與

必君臣同德乃可有爲

唐虞三代之治皆自聖人一心推之無非順天理因人心而立法也

文武成康之治一變而爲春秋再變而爲戰國極矣

惟天下至聖爲能聰明睿知足以有臨也唐虞三代

以下漢唐宋之君有如是之德者乎無如是之德欲其行二帝三王之道難矣

聖人論治有本有末正心脩身其本也建置立法其末也

聖人爲治推其固有之善及人纔有私意即入於權謀術數矣

以誠而感人者人亦以誠而應以術而馭人者人亦以術而待觀漢初君臣可見

三代之治本諸道漢唐之治詳於法

帝王之治本於道德而禮樂刑政乃爲治之具

帝王為治之本在德其次莫先於用賢才脩治法治法者禮樂刑政是也

養民生復民性禁民非治天下之三要

立法當審度時宜後世論者欲復肉刑此不度時宜者也唐虞三代風氣淳教養備犯者至少故肉刑可施後世風氣日澆他事皆與古異獨欲復此法殆有屨賤踊貴之譏矣

先儒謂肉刑於今死刑中取之亦延以寬民之死

自古未有逆民心而得天下者幸而得之亦不過數傳耳

書言罰弗及嗣賞延于世此聖人之仁心也故賞當過於厚而刑不過於濫

聖人立法皆修道之謂教非於道之外強立法制也若雜霸立法則非脩道之教矣

分正百職各司其事此唐虞三代大公至正之法也後世有内相之稱非相之職行相之事失公正矣

君德明爲本居敬窮理則明矣

賢其賢否其否天下所以治賢其否否其賢天下所以不治

自古有天下者觀其所用之人則政事可知矣

今人開口論治道殊不知治道之大不出乎大學一書

道學治道不可岐而為二道學正所以推而為治道

堯舜禹湯文武治天下皆不出性分之外

天地不交無以成化功上下不交無以成治功

用人不可不慎才不稱事事何以立

尚義則道日長尚利則道日消天下治忽分焉

財出於民費用廣則財不足財不足則賦歛重賦歛重則民窮民窮則力竭力竭則本搖矣

聖人治人不是將自己道理分散與人只是物各付

物○聖人治天下公而已

為治遠者大者不務而近小是急衆人之見也

天下國家當大培根本何以培之仁而已

治大衆必有容乃可易曰包蒙吉

舍大學之道而欲復三代之治未之有也漢唐宋之治所以苟簡而不能復三代之隆者皆不能盡大學之道耳

患知人之不明不患大臣之竊柄蓋知人則所任者必君子何竊柄之患不知人則雖防忌大臣不使預事而左右竊柄者必有人矣觀之後漢可見

一言之失喪邦邦未必喪也而喪邦之原基於此一事之失而喪邦邦未必遽喪也而喪邦之幾兆於此非識微之君子孰能知之

各安其分而天下平矣

好正道則正人至好邪道則邪人至氣類相感也

君子居君子之位小人居小人之位則治反此則亂

有天下國家者當親君子而遠小人

晉悼公即位任官各得其人所以復伯況王者能用天下之賢使各舉其職何患天下不治乎

天下大慮惟下情不通為可慮昔人所謂下有危亡

之勢而上不知是也

聖人爲治純用德而刑以輔之後人則純用法術而已

一國一家常使外有可虞內有可懼則警畏常存而國家安

治夷狄之法只當謹守疆埸勿使侵軼而已窮治不已必爲中國患如秦皇漢武是也

邪正相爲勝負久矣

○附治亂

因思古來治亂盛衰固有因人事得失所致然所以

或生賢哲而人事脩或生昏暴而人道乖亦莫非
氣運之自然有非人力所能與也
造化人事皆自眇綿之端以至充盛而不可過如坤
之初六一陰始生於下必至於堅冰當曹魏之時
索頭鮮卑来貢質亦猶一陰之微也直至元魏跨
有中原之盛是以聖人脩德為治必謹乎微也
因思古来事勢之去有非人力所能及雖聖賢亦無
如之何
吉凶者貞勝者也治亂興衰相尋無端氣化之自然
也〇盛衰皆陰陽之變萬古如然

夏商周皆有興廢惟唐虞無廢

蠹生木中枝葉從之顛仆詩曰顛沛之揭枝葉未有害本實先撥故王者以内治為本内不治而末雖安不足恃也漢元成哀平之世可見矣

治世之音文武成康而已下此則變風變雅盛焉人事之得失氣化之盛衰於此可攷矣

衆陰方長之時未易勝也深於易者知之

治不生於治而生於亂亂不生於亂而生於治亦猶陰不生於陰而生於陽陽不生於陽而生於陰治亂相根之理微矣

觀陰陽之互根見治亂之相根
寒中有一半陽暑中有一半陰造化相擾接處故
治不生於治而生於亂亂不生於亂而生於治
周子曰天下勢而已在乎早識而亟反之余讀前古
封建之勢意亦如此
日中則昃月盈則食天地盈虛與時消息如東漢諸
君子欲以力扶當時之衰亂是不知此意也
陰陽以内外分否泰聖人以君子小人發明其義自
古治亂皆由於是易之垂戒深矣
否極則泰塞久必通造化人事必然之理也

法未有久而無弊者周之封建初則藩屏王室翼戴
天子未嘗不善也至於春秋之間則有尾大不掉
之勢而周因以微秦矯其失罷侯置守又以孤立
無助而亡漢又懲秦失遂大封同姓至景帝有七
國之變武帝下推恩之令諸侯王削弱而王莽又
得奮其奸魏仍漢末之失宗室疎遠而晉得以竊
其國晉監魏亡分封大廣而骨肉自戕夷狄因之
以亂華由是觀之法雖善久必有弊要在隨時以
審其勢之輕重以救之勿使至於偏甚則善之善
者也不然則積之久至於偏甚而不可舉正自有

大可慮者生乎其間矣

余讀泰否卦辭內君子而外小人君子道長小人道消爲泰內小人而外君子小人道長君子道消爲否因是以念諸葛武侯之言曰親賢臣遠小人此先漢所以興隆親小人遠賢臣此後漢所以傾覆嗚呼豈獨漢室也哉歷觀數千載以来國家天下之治亂興亡未有不原於此者若武侯之言可謂深得大易之旨而足爲萬世之明戒矣

亢極之治惟聖人有道以持之使不至於傾如堯之治極矣時當衰也有舜則能持其盛舜之治極矣

時當衰也有禹則能保其治使堯之後無舜舜之後無禹則鳴條牧野之事不待後世而後見也乃知治亂盛衰相尋無端者理之常然或當衰不衰當亂不亂者則聖人斡旋造化之功也

觀陰陽互根之微則知治亂盛衰之端其來遠矣

治世君臣警戒之辭多衰世君臣諛悅之辭多

尚義則天下治三代盛時是也尚利則天下亂戰國末季是也

○王霸

孟子深辨王霸之誠僞所以擴天理遏人欲也

孟子董子韓子論王道與伯術誠僞貴賤不同司馬氏言王伯無異道胡氏論之明矣

行王道則黜伯功行伯道則棄王道後世有王伯並用之說非矣

王道天理也伯功人欲也天理人欲未有並立者也三王皆以仁立國所謂王道也

王道君臣以至誠相與如虞舜皋夔稷契湯武伊傅周召是也自漢初君臣皆以詐而不以誠王道降矣〇王道備於大學之書

爲治舍王道即是伯道之卑陋聖賢寧終身不遇孔

孟不自貶以狥時者爲是故也

誠心父母斯民爲王道有一毫不誠即非王道矣
帝王公以爲治伯者公以假名
正其誼不謀其利明其道不計其功仁者之事即王
者之事

孟子曰以力假仁者霸以德行仁者王論王霸之分
莫切於此○公王道私霸道

王伯之分正在不謀利計功與謀利計功之分

王者所存所行皆天理之公伯者則假天理之名以
濟巳私耳

余少知王霸之名而不知其實近日方思得之蓋謂之王者自一念一慮一心一身形於妻子達之家國天下無非仁義禮智之充周初無内外隱顯遠近之間也程子所謂有天德便可語王道天德即仁義禮智之德王道即是德推之政事達之家邦天下者是也謂之伯者形諸念慮身心者無非人欲之私施諸政事征伐者則假夫仁義之名其内外隱顯遠近名實判然不相須矣此王霸誠僞之所以不同也歟

王者之心無私如天地人得而知之

天之道公而已聖人法天爲治一出於天道之公此

王道之所以爲大也

讀書錄卷之十九終

薛文清公讀書全録類編卷之二十

○觀人

聽言觀行知人之良法

觀人之法聽言最先雖不能盡亦可得七八分

聽言即可以知人之失如好色者開口即論女色好貨者開口即論貨財他皆類此至於匿情而言正者又當徐察其行可也

韓子曰觀貌之是非不若論其心與行事之是非可否為不失足以破相術之謬

所貴於智者爲能别賢否分是非也是非賢否不能

辨焉足以言智

輕言輕動之人不可以與深計易喜易怒者亦然

聞事不喜不驚者可以當大事

小事易動則大事可知大事不動則小事可知

傲則仰懟則俯邪則欹正則平

程子曰心通乎道然後能辨是非如持權衡以較輕重螽道即仁義禮智心通乎道以辨人之是非其合於道者為是不合於道者為非道即權衡較輕重即辨是非也

觀人與讀書惟知言可以知其賢否是非

觀人之文章即知其學術之邪正孟子所謂知言也

不知言而讀天下之書何以知其是非邪正哉

即行事之公私而可知其人矣

觀人之法只觀含蓄則淺深可見

觀人氣象便知其涵養之淺深

聽人之言便識其學之淺深

身在堂上方能辨堂下人是非苟雜於堂下衆人之中則亦不能辨矣此先賢之成說有感而書於此

身在堂上方能辨堂下人曲直故有知言之明乃可以折衆群言不然去取必失其當

論古今人物賢否得失惟心通乎道者能之心不通乎道而論人之賢否得失鮮不差矣

○君子小人

陰多而陽少小人多而君子少鷹隼多而鳳凰少豺虎多而麒麟少荆棘多而芝蘭少碔砆多而良玉少其理一也

君子窮以義達以義窮達皆天理也小人窮以利達以利窮達皆人欲也

挺持自守者必君子攀援附和者必小人

君子之心欲人同其善小人之心欲人同其惡

君子取人之德義小人取人之勢利

君子得其理為樂小人得其欲為樂

人心寬平則光明狹險則幽暗光明者君子幽暗者小人○君子性其氣小人氣其性

君子熟於善小人熟於惡

君子志於道小人志於利利與義之間不能以髮

君子浩然之氣不勝其大小人自滿之氣不勝其小

君子行義以俟命小人恃命以忘義

義利無並立之理尚義者必不尚利尚利者必不尚義惟君子為能尚義而去利也孳孳為義者君子

也孳孳為利者小人也聖賢言之詳矣

小人不知義理或名或利凡可以苟得者無不求之

君子熟於精微之義小人熟於機詐之巧君子熟於公正小人熟於私邪

古人於小人有功可深慮而不可喜易曰開國承家小人勿用漢誅竇憲五侯有功而其勢自此盛故功由君子立國家之大慶功由小人立知者所深慮也

小人有功可優之以賞不可假之以柄

待小人嚴而和所謂不惡而嚴也

如治小人寬平自在從容以處之事已則絕口不言
則小人無所閙以發其怒矣
勿恃其不攻恃吾有所不可攻非特兵法為然蓋可
以為防小人之法○小人不可與盡言
治小人向他人聲揚不已不惟增小人之怨亦是其
自小
○取人
凡取人當舍其舊而圖其新自賢人以下皆不能無
過或早年有過中年能改或中年有過晚年能改
當不追其往而圖其新可也若追咎其往日之過

并棄其後來之善將使人無遷善之門而世無可用之才也以是處心刻亦甚矣

聖人取人不以有功而掩其過不以有過而掩其功如管仲霸者之佐耳其過多矣聖人猶不廢其一匡之功後世有論人過而遂沒其功者多見其刻核之甚也

聖人取人極寬如仲叔圉祝鮀王孫賈皆未必賢以其才可用猶皆取之後之君子好議論者於人小過必辯論不置而遺其大者視聖人包含之氣象遠矣

取人當觀大節大節者何三綱五常之道是也孟子論陳仲子之事正謂大節旣失小者無足觀也蓋人之大節莫過於倫理辟兄離母大節失矣區區小廉何足道哉

用人當取其長而舍其短若求備於一人則世無可用之才矣

人非堯舜安能每事盡善眞名言也

大抵常人之情責人太詳而自責太略是所謂以聖人望人以衆人自待也惑之甚矣

○事君

人臣事君當竭忠盡誠雖細事不可欺雖曲禮皆當謹○忠臣事君視天下猶一家非爲身謀也

君父人之大倫只當竭誠敬盡所以事之之道其合與否有所不恤也苟慮其不合枉道以求之則所失者多矣交朋友事官長皆然

爲君所委任者當以誠報不可一事欺之

後人不知人臣之道但得高官厚祿即有自滿之色觀臣克艱厥臣及爲臣不易之語祿位果可自滿乎

不欺君自不欺心始○人臣巧文以避罪非忠也

宋言官有以箴題作詩為謗訕者皆非也觀周公無逸之書曰小人怨汝詈汝則皇自敬德厥愆曰朕之愆允若時不啻不敢含怒則古之聖臣曷嘗道其君以言語罪人哉

人臣當各立於其職不可有出位之思

人臣得行其志全在有應苟無應雖聖賢亦末如之何也已

○從政

為政以愛人為本○視民如傷當銘諸心

程子嘗書視民如傷四字於座側曰某於此有愧大

賢尚然後之臨民者當何如哉
為政須通經有學術者不學無術雖有小能不達大
體所為不過胥吏法律之事爾
不欺君不賣法不害民此作官持已之三要也
世之廉者有三有見理明而不妄取者有尚名節而
不苟取者有畏法律保祿位而不敢取者見理明
而不妄取無所為而然上也尚名節而不苟取狷
介之士其次也畏法律保祿位而不敢取則勉強
而然斯又其次也
清而有容乃不自見其清清而不能容是自有其清

而心反為其所累矣

以己之廉病人之貪取怨之道也廉而自忘其廉則人高其行而服其德

操得其要則不待深懲重賞而人自化於廉孔子曰苟子之不欲雖賞之不竊

正以處心廉以律己忠以事君恭以事長信以接物寛以待下敬以處事居官之七要也

左右之言不可輕信必審其實

張文忠公曰左右非公故勿與語予深體其言吏卒輩不嚴而懔然也

待吏卒輩公事外不可與交一言

待下固當謙和謙和而無節反納其侮所謂重巽吝也惟和而莊人自愛而畏

爲官最宜安重下所瞻仰一發言不當殊愧之

接下言貴簡不可一語冗長

爲官者切不可厭煩惡事苟視民之寃抑一切不理曰我務省事則民不得其死者多矣可不戒哉

一命之士苟存心於愛物必有所濟蓋天下事莫非分所當爲凡事苟可用力者無不盡心其間則民之受惠者多矣

韋應物詩曰所願酌貪泉心不爲磷緇亦可以爲守身之戒○廉而不公者只是人欲之私

余昨自京師来湖南瀕行院中僚友有誦唐人此鄉多寶玉慎莫厭清貧之句余每不忘其規戒之厚

李景讓母鄭氏曰士不勤而禄猶災其身雖婦人之言亦可以爲居官怠職者之戒

只爲外物所累太重便不能有爲

清心省事爲官切要且有無限之樂

自家一箇身心尚不能整理更論甚政事

後人開口論天下事若指諸掌然自治空疎作事無

本果能有成乎

戒太察太察則無含弘之氣象

爲政當以公平正大行之是非毀譽皆所不恤必欲曲徇人情使人人譽悅則失公正之體非君子之道也

輕舉必濫取易信必易疑

惠雖不能周於人而心當常存於厚

人好靜而擾之不已恐非爲政之道

治人當有操縱人不得而然之

名節至大不可妄交非類以壞名節

守官最宜簡外事少接人謹言語一字不可輕與人一言不可輕許人一咲不可輕假人

作官常如不能盡其職則過人遠矣

以其能治不能以其賢治不賢設官之本意不過如此有假官威剥民以自奉者果何心哉

止末作禁游民所以敦財利之源省妄費去冗食所以裕財利之用

游民事末作及隱於異端者多則力本者少矣爲政清其源而流自潔

惟正足以服人

正已者乃能正人未有枉已而能正人者也

政出於一則治有所統而民心信

觀聖賢之去小人皆從容自在若無事者所謂可怒

在彼已何與焉者也

民不習教化但知有刑政風俗難乎其淳矣

民至愚而神不可欺也惟至誠足以動之

有欲則人得而中惟無欲則彼無自而入

爲吏不可一事苟且如文移之類皆當明白

臨屬官公事外不可泛及他事

固不可假公法以報私仇亦不可假公法以報私德

爲政當有張弛張而不弛則過於嚴弛而不張則流於廢一張一弛爲政之中道也

以己之欲知人之欲亦猶是以己之勞知人之勞亦猶是當推以同之

人己一也浚人之脂膏以自肥何其不仁如是哉當充無欲害人之心

知天地萬物爲一體則能愛矣

程子書視民如傷四字於座側余每欲責人嘗念此意而不敢忽

民心至柔真有不可強者惟順其心而道之則無不從矣

使民如承大祭然則爲政臨民豈可視民爲愚且賤而加慢易之心哉

作官者雖愚夫愚婦皆當敬以臨之不可忽

以誠感人者人亦以誠應以詐御人者人亦以詐應

世有假官柄以濟貪欲者吾不知此何心也

至誠以感人猶有不服者况設詐以行之乎

論事不可趍一時之輕重當思其久而遠者

當官不接異色人最好不止巫祝尼媼宜疎絶至於

匠藝之人雖不可缺亦當用之以時大不宜久留於家與之親狎皆能變易聽聞簸弄是非儒士固當禮接亦有本非儒者或假文辭或假字畫以媒進一與之款洽即墮其術中如房琯爲相因一琴工黄庭蘭出入門下依倚爲非遂爲相業之玷若此之類能審察疎節亦清心省事之一助

心不可有一毫之偏向有則人必窺而知之余嘗使一走卒見其頗敏捷使之稍勤下人即有趨重之意余遂逐去之此雖小事以此知當官者當正大明白不可有一毫之偏向

清心省事居官守身之要

疾惡之心固不可無然當寬心緩思可去與否審度時宜而處之斯無悔切不可聞惡遽怒先自焚撓縱使即能去惡已亦病矣况傷於急暴而有過中失宜之弊乎經曰勿忿疾于頑孔子曰膚受之愬不行皆當深味

治病不求其本除弊不自其源難也已

立得脚定却須寬和以處之

待左右當嚴而惠

不可因小人包承而易其志

亦有小廉曲謹而不能有爲於事終無益

爲政通下情爲急集衆人之耳目爲一己之耳目方可

作官一事不可苟

處己接物事上使下皆當以敬爲主

上交諂者人多有此失盖事上以恭爲主恭之過則不覺有諛之之意是即所謂諂也

伊尹曰接下思恭豈惟人君當然哉有官君子於臨衆處事之際所當極其恭敬而不可有一毫傲忽之心不惟臨衆處事爲然退食宴息之時亦當致

其嚴肅而不可有頃刻褻慢之態臨政持己內外
一於恭敬則動靜無違人欲消而天理明矣
下民之寃不伸者由長人者之非其人也
余直不欲妄笞一人前時妄笞人或終日不樂或連
日不樂
愛民而民不親者皆愛之不至也書曰如保赤子誠
能以保赤子之心愛民則民豈有不親者哉
吾居察院中每念韋蘇州自慚居處崇未覩斯民康
之句惕然有警於心云
孔子曰不患無位患所以立惟親歷者知其味余忝

清要日夜思念於職事萬無一盡況敢恣肆於禮法之外乎

凡國家禮文制度法律條例之類皆能熟觀而深考之則有以酬應世務而不戾時宜

求民而不已者其東野畢之御乎

去弊當治其本本未治而徒去其末雖衆人之所暫快而賢知之所深慮

法者輔治之具當以教化爲先

爲政以法律爲師亦名言也既知律已又可治人

昔人謂律是八分書蓋律之條目莫非防範人欲扶

翼天理故謂之八分書
人之所爲不犯律條即爲義犯之即爲非義則律爲
八分書可見
立法之初貴乎參酌事情必輕重得宜可行而無敝
者則播告之脩既立之後謹守勿失信如四時堅
如金石則民知所畏而不敢犯矣或立法之初不
能參酌事情輕重不倫遽施於下既而見其有不
可行者復遂廢格則後有良法人將視爲不信之
具矣令何自而行禁何自而止乎
治獄有四要公慈明剛公則不偏慈則不刻明則能

照剛則能斷

法者因天理順人情而爲之防範禁制也當以公平正大之心制其輕重之宜不可因一時之喜怒而立法若然則不得其平者多矣

法立貴乎必行立而不行徒爲虛文適足以啓下人之翫而已

中者立法之本信者行法之要

法者天討也以公守之以仁行之

情可矜雖從寬典又當使之不知其寬

用法秤量輕重要不失其中而已

法者天討也翫法所以翫天也敢不敬乎

世有賣法以求賄者此誠何心哉夫法所以治奸頑也奸頑有犯執法以治之則良善者獲伸矣若納賄而縱釋奸頑則良善之冤抑何自而伸哉使良善之冤抑不伸是不惟不能治奸頑而又所以長奸頑也據高位載顯名秉三尺者忍爲此態乎

天下之獄自古不得其平者多矣掌刑者可不擇其人乎

偶過長清知已斷一獄事不得其平重有感於心而知天下之獄不得其平者多矣正統四年十一月

十九日茌平燈下書上兩節

法者天討也或重或輕一付之無心可也或治奸頑而務爲寬縱暴其小慈欲使人感己之惠其慢天討也甚矣

相業

相業自大學經學中來者深自史學俗學中來者淺

要見古人之相業伊傅之書宜熟讀

後世非無救時之相只是規模淺相業有格心之學則其規模宏遠矣

有大學之工夫則有王佐之事業

三代王佐事業皆本於道德後世輔相事功多出於才氣

三代之佐格心兼論事後世之佐論事多而格心者少見

雖能建立大事功而不知道猶爲淺故君子貴乎知道

伊傅周召佐王行道其功大矣而彼不自爲大也如有自大之心則非伊傅周召矣

大臣行事當遠慮後來之患雖小事不可啓其端

當大任有一毫私心人必見之

學術不造乎高明正大則所就之事業卑陋可知

伊尹周公但能輔其君爲太甲成王而已固不能輔之爲成湯文武也

○器量

天無不包地無不載君子法之

人須有容乃大古謂山藪藏疾川澤納汚瑾瑜匿瑕有容之謂也

程子謂人天資有量者雖江海之大皆有滿時聖人之量道也自無滿時近觀人素稱有量者不能不滿益信程子之言矣

道大無窮盡無方體聖人體道無二其量無所不容

又安有滿時耶

忍所不能忍容所不能容惟識量過人者能之

經曰有容德乃大有忍乃濟者宜深體之

惟寛可以容人惟厚可以載物

凡深藏者必重器而顯露者必賤物

持盈惟有德者能之

人有才而露只是淺深則不露方為一事即欲人知

淺之尤者

識高則量大氣盛則聲宏

識量大則毁譽欣戚不足以動其中

心無外者可以當大任

必能忍人不能忍之觸忤斯能爲人不能爲之事功

凡事分所當爲不可有一毫矜伐之意

識進則量進

凝重之人德在此福亦在此

纔自有其能便爲心累如顔子雖簞瓢陋巷不改其樂在顔子之心則未嘗自以樂爲能也

德冠古今功滿天下皆分内事與人一毫殊不相干何矜伐之有

凡事皆當推功讓能於人不可有一毫自德自能之
意
德不德能不能厚之至也
天地公共之理人得之爲性人能盡其性是亦公共
之理耳無可矜伐者故程子曰達理則樂天而不
競内充故退讓而不矜
富莫富於富有大莫大於無方拘於物者不足以語
此
聞人毀已而怒則譽已者至矣
人譽已果有善但當持其善不可有自喜之心無善

則增脩焉可也人毀己果有惡即當去其惡不可
有惡聞之意無惡則加勉焉可也

外物得亦不喜失亦不怒則心定矣待失而喜怒生
焉是猶累於外物而心未定也

聞人毀己即怫然怒是水不可磯也其小也固矣

不爲衆譽而加喜不爲衆毀而加戚其過人遠矣

疑人輕己者皆内不足

經書所載皆天地間事天地間事皆吾分内事知天
地間事皆吾分内事則德盛而不矜功大而不伐
矣

大丈夫心事當如青天白日使人得而見之可也

畧有與人計較短長意即是渣滓消融未盡

知大事小事皆己分之當然則自不有其功矣

天賦人以才德本無不備才德全始稱爲人之名初無一毫加於本分之外乃知自矜自伐者皆妄也

舉萬物莫能尚其過人遠矣

○出處

出處去就士君子之大節不可不謹禮曰進以禮退以義孔子曰有命孟子不見諸侯尤詳於進退之道故出處去就之節不可不謹

進將有爲退必自脩君子出處惟此二事

進退出處只當居易俟命

君子之出處當脩之身而聽之天彼卑丐苟賤搖尾

乞憐攀援勢要以售進者果何心哉

窮通醜好之說士大夫所當知

道之行否關乎氣運之盛衰孔孟皆歸之天而不以

尤人理當如此

被髮而祭于伊川與辛有之歎非知幾之君子孰能

與於斯

聖賢以義制心得志與天下由之不得志獨行其道

出處進退富貴貧賤視之如一初不少動其心小人則不然方血氣盛時據位持勢真若剛強不屈者及血氣既衰去位失勢悲慼流涕卑屈苟賤之態靡所不至由無義以制心也

○氣節

士無氣節則國勢奄奄以就盡西漢之季是也

士之氣節全在上之人奬激則氣節盛苟樂軟熟之士而惡剛正之人則人務容身而氣節消矣

所惡有甚於死者人皆有是心也觀小學所載夏侯令女盧氏霽氏二女之事皆婦人女子非素聞於

禮教者一旦臨利害之際寧就殘毀危迫糜軀之禍而不肯易其節非所惡有甚於死者能然乎

挺特剛介之志常存則有以起偷惰而勝人欲一有頹靡不立之志則卒爲小人流於卑汚之中而不能振拔矣

取與是一大節其義不可不明

大丈夫以正大立心以光明行事終不爲邪暗小人所惑而易其所守

有鳳凰翔于千仞之氣象則不爲區區聲利所動矣

往年因讀張子心中有所開即便劄記不思則還塞之矣之言遂於讀書心中有所開時隨即劄記有一條一二句者有一條三五句者有一條數十句者積二十餘年乃成一集名曰讀書錄盖以備不思還塞如張子所云者近年又於讀書時日記所得者積久復成一集名曰讀書續錄但有得即錄不覺重復者多欲皆刪去而意謂既亦以備不思還塞則辭雖重復亦可爲屢省之助云河東薛瑄謹識

薛文清公讀書全錄類編卷之二十終

薛文清公讀書全録類編後跋

類編者深澤令松磐侯公抄文清先生讀書二録而類紀之以便誦習者也一日示自約曰余此編藏之已久恐人謂余妄裂原本爲罪云自約受讀曰先生主於闡道訓後而兹書於後學甚便讀者雖類分縷合庸非先生之志乎公其勤矣而涉先生之道津且不患無寶筏也侯公凡爲三邑令大都以儒術拊民至餙躬厲節燕

處言動匪先生弗事侯公服膺先生之教於類編可知已今一旦以親老告歸鄉自約附一言於末且必贊侯公以是傳於同志而目覩侯公所出處行誼真不以言語文字師先生矣是編豈足盡侯公哉嗚呼由大儒而上遡尼父聖賢之道誰謂可以言語文字師乎哉

太原萬自約謹跋

文清先生讀書全錄類編後序

蓋讀書錄之類分也自松磐侯公始侯公重實踐兩製襃錦數有用歸而需嚌道眞雅訾文清薛先生錄遂校讎如右當不佞序末簡不佞拜

命論先生里外媿融紉內憐周夣因與耿人士語書一耳先生何以讀今何以讀先生何以讀而爲喆爲賢道德禮義執極不變今何以

讀而為儇為譸富貴功名沉溺不返呂覽有
言凡學非能益也達天性也能全天之所生
而勿敗之是謂善學先生讀書以性善為宗
旨斷無敗生故臆不鉤漁父卜居之精遠筆
不落阿房赤壁之閑奇而隨讀是性即隨錄
是學即此為用可以及天下七十六年信無
一事吁書豈詞章詞章因于書極于理乃如
食雞跖必數千而足雖不足猶若有跖書有

厨堂上糟粕令輪扁釋椎鑿以問至不能下
一語書有障抱讀山中隨喜諳字兩卷而頗
信幻于長休石室書有蠹厨猶可以備食用
而障則瞽蠹則壞壞奚翅買櫝還珠將轉愛
從衣文之縢矣其類分錄也自後讀書者始
耿人士曰竊聞之思學病于箋解通學縻于
偏分然則分之無乃瀉之不佞曰菽粟布帛
皆足供日用而使各藏其篋則取者便蓋將

待人取耿人士執以問侯公公但曰祠祀畢
而芻狗棄全牛解而刃刃藏則書且擲奚用
讀讀且捐奚用錄仍之固先生錄也分之亦
先生錄也

儒學署教諭事舉人扶溝馬負圖謹撰

薛文清公讀書全録類編後跋

夫學以躬行為實躬行以心得為本文清公讀書録迺其學之得于心者見於躬行非徒文言之虛飾也近世儒非無文集語録要之一刋布間人已有嚴其繁費者惟讀書録并其文集即不肖亦嘗轉請于當路諸公為刻其全書而公同里松磐侯君獨以讀書二録分類抄

集尹深澤時已捐俸刻之後歸田數年
又再三校正益加詳析為之重刊予嘗
慭嘆曰文清公之去世久矣予請刊全
書數年始就松磐致仕之日其刻書之
費已勞且難而能協其邑之同志不逾
年而成不知其何以至此也豈非以其
躬行心得之感見于同然者與是錄也
即四海之人且無不嘉尚之者況于同

里者乎太史公有云桃李不言下自成蹊文清學有淵源泛應皆無不可碩全集中文詩諸作或出于人事之酧惟讀書二録則本于心淂而見乎躬行非若他集之比吾故特以贊松磐使此書刊布之後人不徒以文字視之而深潛于心淂力見于躬行其有益于天下後世者大也予又嘗嘆曰勢利之途即尋常

文墨且視為不屑況道德之淵如
者迺松磐[illegible]潛既久深嗜其旨趣而再
三校刋也其視勢利之態何如哉韓子
嘗病荀楊之擇不精語不詳松磐之于
是録其精且詳也已
萬曆丙申歲孝義後學趙訥謹識